U0466267

中宣部2022年主题出版重点出版物

建功新时代 · 全面推进乡村振兴研究丛书

丛书主编：王晓毅　燕连福　李海金　张　博

实施乡村振兴战略前沿问题研究

中国扶贫发展中心　指导编写

李海金　等　著

中国文联出版社

图书在版编目（CIP）数据

实施乡村振兴战略前沿问题研究 / 李海金等著 .
-- 北京 : 中国文联出版社, 2022.10（2023.07 重印）
（建功新时代·全面推进乡村振兴研究丛书 / 王晓毅等主编）
ISBN 978-7-5190-4978-2

Ⅰ. ①实… Ⅱ. ①李… Ⅲ. ①农村－社会主义建设－研究－中国 Ⅳ. ①F320.3

中国版本图书馆 CIP 数据核字（2022）第 178022 号

著　　者　李海金等
责任编辑　胡　笋
责任校对　杜广琛
装帧设计　麦　田

出版发行　中国文联出版社有限公司
社　　址　北京市朝阳区农展馆南里 10 号　　邮编　100125
电　　话　010-85923025（发行部）　010-85923076（编辑部）
经　　销　全国新华书店等
印　　刷　三河市龙大印装有限公司

开　　本　710 毫米 ×1000 毫米　1/16
印　　张　15.25
字　　数　180 千字
版　　次　2022 年 10 月第 1 版第 1 次印刷　2023 年 7 月第 2 次印刷
定　　价　50.00 元

序　言

中国自古以来就是农业大国。“三农”问题是关系国计民生的根本性问题，中国共产党坚持把解决好“三农”问题作为全党工作的重中之重，举全党全社会之力推动乡村振兴，促进农业高质高效、乡村宜居宜业、农民富裕富足。乡村振兴工作是一个关涉到中华民族伟大复兴战略全局和世界百年未有之大变局的重大问题，是一项具有长期性、系统性、复杂性的巨大工程。2021 年 9 月 22 日，习近平向全国广大农民和工作在“三农”战线上的同志们致以节日祝贺和诚挚慰问时指出，“民族要复兴，乡村必振兴”。进入实现第二个百年奋斗目标新征程，“三农”工作重心已历史性转向全面推进乡村振兴。各级党委和政府要贯彻党中央关于“三农”工作的大政方针和决策部署，坚持农业农村优先发展，加快农业农村现代化，让广大农民生活芝麻开花节节高。近年来，关于乡村振兴政策及其实践的前沿问题和热点论题越来越引起社会高度关注。《实施乡村振兴战略前沿问题研究》一书正是为了回应这些社会关切而编写出版的。本书以习近平总书记关于“三农”工作、乡村振兴重要论述为根本遵循，跟踪社会关注和学术热点，把握新进展、新挑战与新动向，以通俗易懂、深入浅出的笔调，着重解答与探讨什么是乡村振兴、为什么要振兴乡村、怎么样振兴乡村等核心问题。

全书共分七章，包括35个条目，分别围绕牢牢守住保障国家粮食安全底线、坚决守住不发生规模性返贫底线、推动农业农村高质量发展、扎实稳妥推进乡村建设行动、加强和改进乡村治理、加强党对“三农”工作的全面领导、促进农民农村共同富裕等重大理论实践前沿问题进行政策解读、实践描述与理论分析。这些条目立足全面推进乡村振兴新阶段，具有很强的前沿性和前瞻性，或系统审视“三农”工作和乡村振兴的总体布局与战略安排，或全面解读“三农”工作和乡村振兴的政策框架与关键举措，或是细致展现乡村发展、乡村建设、乡村治理的实践进展与未来趋向，或深入阐释乡村振兴政策实践的理论意涵与运作逻辑。

全书较为全面、深入而细致地回答了乡村振兴的战略意义和重大价值，阐述了破解乡村振兴实践难题的思路和路径，探寻了未来中国乡村振兴的基本趋向。本书的作者来自马克思主义理论、政治学、经济学、社会学、发展学、公共管理等不同学科、领域和专业，具有不同的分析范式和话语体系，形成多学科、跨领域交融互动的特点。读者在阅读参考时应甄别学术分析与政策表达的差异，注意政策分析的权威性与学术研究的反思性之间的区别。我们编辑出版《实施乡村振兴战略前沿问题研究》，目的在于助力广大干部群众丰富知识体系、拓展观察视野，提升其全面推进乡村振兴的操作能力和创新能力。对于关心我国农村发展的国内外读者更深入理解“三农”问题、更全面认识乡村振兴战略实施有参考价值。

本书编写组

2022年6月

目　录

第一章　牢牢守住保障国家粮食安全底线

【导读】

粮食安全是国家安全的重要基础，解决好吃饭问题始终是治国理政的头等大事。习近平总书记反复强调，粮食安全是“国之大者”，十分关心粮食生产，彰显了对粮食安全的高度重视，是对广大扎根农村以农为生的农民群众的巨大鼓舞，进一步增强了全国上下扛起粮食安全重任的决心和信心。本章紧紧围绕如何牢牢守住保障国家粮食安全底线，分6个条目，在阐释粮食安全的重要价值意涵的基础上，分析重要农产品的供给意义，介绍农产品未来发展的趋势和保护耕地的硬要求，提出农业经营主体的发展目标以及农业社会化服务体系的具体举措。

“五谷者，万民之命，国之重宝。”随着工业化、城市化进程的快速推进，中国粮食消费量的增长将持续快于粮食产量的提高，粮食生产和消费长期处于“紧平衡”状态不会改变，世界第一粮食生产大国、世界第一粮食消费大国、世界第一粮食进口大国的“三大第一”将在很长一段时期成为中国粮食供求状况的常态特征。[①]2021年11月中国共产党第十九届中央委员会第六次全体会议通过的《中共中央关于党的百年奋斗重大成就和历史经验的决议》把粮食安全作为经济安全之首，强调“坚持藏粮于地、藏粮于技，实行最严格的耕地保护制度，推动种业科技自立自强、种源自主可控，确保把中国人的饭碗牢牢端在自己手中”。基于上述现实诉求，在全面推进乡村振兴背景下，如何保障国家粮食安全平稳推进和发展，需要把握在新发展阶段国家粮食安全的工作重点，进一步强调粮食安全的重要意义，特别是从保障重要农产品供给着手，延长农产品产业链、守住农村耕地红线，尤其在加快发展新型农业经营主体的基础上提升农业社会化服务体系支持。

一、中国人的饭碗任何时候都要牢牢端在自己手中

2022年中央一号文件指出:“坚持中国人的饭碗任何时候都要牢牢端在自己手中，饭碗主要装中国粮。”[②]百年变局背景下，极端气候频发、叠加世纪疫情，全球粮食面临危机。只有保障粮食安全，才能为我国统筹疫情防控和经济社会发展提供坚实保障，才能推进我国经济高质量发展。

---

① 曹宝明、唐丽霞、胡冰川、赵霞:《全球粮食危机与中国粮食安全》,《国际经济评论》2021年第2期。

② 《中共中央　国务院关于做好2022年全面推进乡村振兴重点工作的意见》,2022年1月4日，中国政府网。

粮食安全是“国之大者”

粮食安全是国家安全的重要战略基础。习近平总书记指出：“粮食安全是‘国之大者’。悠悠万事，吃饭为大。民以食为天。”[①]党和国家出台系列政策文本强调粮食安全问题。2020 年 1 月中共中央、国务院《关于抓好“三农”领域重点工作确保如期实现全面小康的意见》指出，确保粮食安全是治国理政的头等大事。2021 年 11 月国务院《“十四五”推进农业农村现代化规划》指出，以国内稳产保供的确定性来应对外部环境的不确定性，牢牢守住国家粮食安全底线。学术界对粮食安全重要性的探讨也很多，依据包括全球粮食贸易存在风险[②]，粮食安全事关居民生活和健康[③]，是国之大者的政治责任[④]，关乎农民经济利益[⑤]等。

民为国基，谷为民命。粮食安全不仅仅是经济问题，更是政治问题。从国内来看，我国人口众多，吃饭问题始终是治国理政的头等大事。只有拥有充足安全的食物，人们的生活有安全感，经济快速增长和社会和谐稳定才有根基。从国际来看，只有把中国人的饭碗牢牢端在自己手中，才能在国际竞争中不至于受制于人。粮食安

① 《习近平谈粮食安全：悠悠万事，吃饭为大》，2022 年 3 月 7 日，中国政府网。

② 王帅：《全球粮食贸易中关键点的风险与我国粮食安全》，《国际经济合作》2017 年第 11 期。

③ 郭惠武：《营养供给角度的中国粮食安全分析》，《中国畜牧杂志》2022 年。

④ 许开峰：《持续巩固提升粮食综合生产能力坚决扛起粮食安全“国之大者”政治责任》，《农场经济管理》2022 年第 3 期。

⑤ 喻志军：《我国粮食安全、农民收益与粮食价格政策的关系分析》，《商业经济研究》2021 年第 10 期。

全是国家的命脉，没有粮食安全就不可能实现独立和自主，更不能维护国家安全。

民以食为天，粮食安全是最根本的民生。马斯洛的需求层次结构理论指出，人类的需求从低到高按层次分为生理需求、安全需求、社交需求、尊重需求和自我实现需求五种。生理需求是人类维持自身生存最基本的条件。随着经济社会的发展，我国人民生活水平有了极大改善，也有了更高要求，不仅要求吃得饱，而且要求吃得好。这对我国的粮食安全提出了更高的要求，不仅要重视粮食的数量，更要重视质量和结构。

中国粮食安全成就：成功解决了14亿人口的吃饭问题

中国人口占世界近五分之一，粮食产量约占世界四分之一，我国的粮食安全是世界粮食安全的“稳定器”和“压舱石”[①]。十八大以来，我国走出了一条具有中国特色的粮食安全道路。

粮食安全制度不断完善。2015年1月发布的《国务院关于建立健全粮食安全省长责任制的若干意见》明确了各级人民政府必须承担起保障本地区粮食安全的主体责任。2020年4月发布的《社会资本投资农业农村指引》聚焦乡村振兴，激发社会资本投资农业农村的活力，助力粮食、生猪等重要农产品稳产保供。2021年10月出台的《粮食节约行动方案》明确了节粮减损的目标，突出全链条综合施策，强调科技创新，强化技术减损，为节粮减损、保障粮食安

① 刘慧:《守住全年粮食丰收基本盘》,《经济日报》2021年8月12日。

全提供了指导。2021 年 6 月修订的《粮食流通管理条例》对从事粮食收购、销售、储存、运输、加工、进出口等经营活动进行了规范和指导。

粮食产量稳步增长。根据国家统计局的数据，2021 年全国粮食总产量达到 68285 万吨，创历史最高水平，全国粮食单位面积产量达到 5805 公斤 / 公顷 ①。2010 年以来我国人均粮食占有量持续高于世界平均水平，当前达到 483 公斤 ②，远高于人均 400 公斤的国际粮食安全标准线。

谷物等重要粮食基本实现自给。2021 年，我国谷物产量 63276 万吨，比 2020 年增长 2.6%。谷物单位面积产量 6316 公斤 / 公顷，比 2020 年增长 0.3%③。中国农业科学院发布的《中国农业产业发展报告 2020》显示，2019 年我国稻谷、小麦、玉米三大谷物自给率达到 98.75%④，为社会经济稳定发展和抵御突发事件冲突提供了坚实保障。

粮食储备能力和流通能力显著增强。国家粮食和物资储备局数据显示，2021 年，我国全国标准粮食仓房仓容 6.8 亿吨，较“十二五”末增加 1.2 亿吨，仓储条件总体达到世界较先进水平。全

---

① 《国家统计局关于 2021 年粮食产量数据的公告》，2021 年 12 月 6 日，中国政府网。

② 《落实落细各项粮食稳产措施（稳字当头稳中求进 · 经济长期向好的基本面没有变）》，《人民日报》2022 年 4 月 21 日。

③ 《国家统计局关于 2021 年粮食产量数据的公告》，2021 年 12 月 6 日，中国政府网。

④ 中国农业科学院农业经济与发展研究所：《中国农业产业发展报告 2020》，中国政府网。

国拥有粮食应急供应网点 44601 个，应急加工企业 5388 个，应急配送中心 3170 个，应急储运企业 3454 个[①]。

中国粮食安全面临挑战：需求刚性增长与资源环境供给约束趋紧矛盾加剧

我国粮食安全存在的问题是学术界探讨最多的问题，主要表现为：生态资源环境约束趋紧[②]，存在流通和贸易问题[③]，耕地资源供给有限[④]，进口来源地过于集中[⑤]等。最主要问题是供需匹配失衡。

粮食需求刚性增长。从 1978 年到 2020 年，我国城镇居民人均消费肉禽蛋的数量从 18.4 千克上升为 53.9 千克，农村居民人均消费量从 6.3 千克上升为 45.6 千克[⑥]。人们的膳食结构转型升级，居民对肉禽蛋奶需求的增加也带动了对饲料用粮需求的持续增加[⑦]。粮食

---

① 《"十三五"时期我国粮食储备、流通能力持续增强粮食安全形势持续向好》，2021 年 1 月 12 日，央广网。

② 国雪莲、朱忠贵：《乡村振兴背景下的粮食安全问题研究》，《安徽农业科学》2022 年第 1 期。

③ 张学军：《流通贸易视角下中国粮食安全问题分析》，《世界农业》2016 年第 8 期。

④ 马述忠、叶宏亮、任婉婉：《基于国内外耕地资源有效供给的中国粮食安全问题研究》，《农业经济问题》2015 年第 6 期。

⑤ 刘红：《我国粮食进口与粮食安全问题研究》，《价格月刊》2015 年第 2 期。

⑥ 数据来自《中国农村统计年鉴 2021》。1978 年，我国城镇和农村居民人均主要肉类、禽类、鲜蛋消费量分别为 13.7 千克、1.0 千克、3.7 千克和 5.2 千克、0.3 千克、0.8 千克。2020 年，我国城镇和农村居民人均肉类、禽类、蛋类消费量分别上升至 27.4 千克、13.0 千克、13.5 千克和 21.4 千克、12.4 千克、11.8 千克。

⑦ 王宪魁：《提高政治站位确保国家粮食安全》，《人民日报》2022 年 2 月 25 日。

总量缺口仍将逐步扩大。

粮食产量增长面临日益严峻的资源环境约束。人多地少水缺的基本国情，加上全球气候变化和环境污染问题，制约了粮食增产。据第三次全国国土调查，2019 年全国耕地面积 19.18 亿亩[①]，比 10 年前减少 1.13 亿亩。局部地区退化严重，提升质量难度增大。水资源总量不足、利用率不高，土地和水资源错配严重等问题仍然突出。受全球气候变化影响，极端天气增加，灾害呈现极端性、突发性，加之主要农产品生产区域更为集中，灾害对农业特别是粮食生产影响加重。

部分粮食对外贸易进口来源单一，给我国的粮食安全带来隐患。根据海关总署的数据，2020 年大豆进口量超过 1 亿吨，对外依存度高达 85%[②]。进口来源国高度集中：大豆主要进口国是巴西和美国，玉米是乌克兰和美国，大麦主要是乌克兰和加拿大[③]。一旦国际环境变化，对进口的过度依赖将直接威胁我国的经济独立和国家安全。

粮食消费环节浪费严重。2020 年 12 月，全国人大常委会专题调研组《关于珍惜粮食、反对浪费情况的调研报告》中指出，我国仅城市餐饮每年食物浪费大致在 170 亿—180 亿千克（不包括居民家庭饮食中的食物浪费）[④]。粮食浪费严重是影响粮食安全的潜在风

① 《第三次全国国土调查主要数据成果发布》，2021 年 8 月 26 日，中国政府网。

② 邵海鹏：《中国粮食进口量再创新高，食物自给率持续下降》，2022 年 1 月 18 日，新浪财经。

③ 数据来源：农业农村部官网。

④ 武维华：《全国人民代表大会常务委员会专题调研组关于珍惜粮食、反对浪费情况的调研报告》，《中华人民共和国全国人民代表大会常务委员会公报》2021 年第 1 期。

险隐患。

确保粮食安全是各级党政机关的政治责任

要从政治的高度看待粮食安全问题。自古以来，粮食安全就不仅仅是经济问题，而且是政治问题。晁错在《论贵粟疏》中指出："粟者，王者大用，政之本务。"粮食安全对于巩固政权至关重要。从历史上看，粮食危机有时导致王朝衰落，自然灾害引起粮食歉收，饥民流徙，社会动荡，矛盾激化，群众揭竿而起。在当前形势下，极端气候频现，百年大变局、俄乌战争、世纪疫情都加剧了全球粮食供应的紧张形势，一些国家限制粮食出口。粮食对外依存度过高，就可能被一剑封喉。习近平总书记指出，"决不能在吃饭这一基本生存问题上让别人卡住我们的脖子"①，高度强调了粮食安全的重要性。粮食安全是政治问题，就必然是各级党政机关的政治责任。2021 年新修订的《粮食流通管理条例》中明确指出，"省、自治区、直辖市应当落实粮食安全党政同责，完善粮食安全省长责任制"，这是首次将粮食安全党政同责在行政法规中明确规定。保障粮食安全不仅仅是产粮大省的政治责任，也是粮食主销区、产销平衡区的政治责任，要严格粮食安全责任制考核，主产区、主销区、产销平衡区要饭碗一起端，责任一起扛。各级党委和政府要提高政治判断力、领悟力和执行力，切实扛起粮食安全的政治责任。

---

① 武维华：《全国人民代表大会常务委员会专题调研组关于珍惜粮食、反对浪费情况的调研报告》，《中华人民共和国全国人民代表大会常务委员会公报》2021 年第 1 期。

一要藏粮于地。要牢牢守住 18 亿亩耕地红线，坚决遏制耕地“非农化”、防止“非粮化”，规范耕地占补平衡。要扎实推动高标准农田建设，提高粮食综合生产能力。重庆市双兴村就是建设高标准农田的典型，通过把“巴掌田”改成“整片田”，引入社会资本参与，完善建后管护机制，成功实现了高标准农田建设与乡村整治的有机结合。

二要藏粮于技。要鼓励和支持开发、推广应用先进农业技术。强化种业自主创新，开展种源“卡脖子”技术攻关。要加大投入，建设国家生物种业技术创新中心，实现种业科技自立自强。海南的崖州湾种子实验室、湖南的岳麓山实验室、河南神农种业实验室等都是其中佼佼者。

三要藏粮于储。储为国计，备为民生。粮食储备是保障国家粮食安全的重要物质基础。要科学确定粮食储备功能和规模，改革完善粮食储备管理体制，健全粮食储备运行机制，强化内控管理和外部监督，加快构建更高层次、更高质量、更有效率、更可持续的粮食安全保障体系。强化粮食产购储加销协同保障。

四要调动“两个积极性”，即农民的种粮积极性和地方政府重粮抓粮积极性。2020 年三种粮食每亩净利润 47.1 元，2020 年农民工月收入 4071.11 元[①]，农民种粮食一年不如外出务工一个月的收入。要加强对农业的补贴和支持力度，让农民种粮有利可图，调动农民种粮积极性。同时，要进行顶层设计，完善地方政绩考核体系，让

① 数据来自国家统计局官网。

主产区政府抓粮不吃亏，激发地方政府重农抓粮的积极性。

五要实现粮食进口来源多元化。针对我国农产品进口国高度集中的局面，要优化粮食进口渠道，进一步完善全球布局，增强供应链的可靠性和稳定性，防止主要进口国对我国农产品市场形成实质操纵。深化与“一带一路”国家的粮食经贸合作，积极参与全球和区域粮食安全治理。对于粮食等涉及国家安全的农产品要控制进口量，增强本国的生产能力。

［本条目编写人：施红、程静，中共中央党校（国家行政学院）经济学部］

二、保障重要农产品的供给

随着经济和社会发展，人们消费结构不断升级，对食物的需求也在不断变化。必须要树立大食物观，面向整个国土资源，全方位、多途径开发食物资源，满足日益多元化的食物消费需求。在确保粮食供给的同时，保障肉类、蔬菜、水果、水产品等各类食物有效供给，缺了哪样也不行。2022 年中央一号文件明确要求，要全力抓好粮食生产和重要农产品供给。

保障重要农产品供给意义重大

保障重要农产品的供给是应对国内外风险挑战、维护国家安全的重要基石。当前世界正处于百年未有之大变局，统筹发展和安全是时代的要求。粮食和其他重要农产品事关国计民生，是国家安全的基础。因此，保障重要农产品的供给是治国安邦的首要任务。保障重要农产品的供给是提高居民生活质量、增进民生福祉的重要内容。习近平总书记指出："要坚持数量质量并重，在保障数量供给的同时，更加注重农产品质量和食品安全，注重生产源头治理和产销全程监管，让人民吃得饱、吃得好、吃得放心。"①保障重要农产品供给才有可能实现人民吃得饱、吃得好、吃得放心。确保重要农产品特别是粮食供给是实施乡村振兴战略的首要任务。我国脱贫攻坚战取得了全面胜利，"三农"工作重心转向全面推进乡村振兴。提升粮食等重要农产品供给保障能力既是全面推进乡村振兴的首要任务，也是全面推进乡村振兴的有力支撑。

提升大豆和油料产能

我国的大豆种植面积常年维持在 1.4 亿亩以上。近 20 年内，我国大豆总产和自给能力取得了极大进步，总产增幅 27%，单产增幅 17.09%②。但是，当前我国大豆供给依然存在需要长期关注的问题：首先，大豆产需缺口大，对外依赖程度高。2020 年我国大豆需求量达到 11984.95 万吨③，但是产量只有 1960.2 万吨，这就意味着剩下 10000 万吨以上的缺口都要靠进口。我国大豆进口依存度

---

① 《中央经济工作会议在北京举行》,《人民日报》2013 年 12 月 14 日。

② 农小蜂智库:《一图读懂我国大豆产业的发展变化！》, 2021 年 7 月 22 日。

③ 智研咨询:《2022—2028 年中国大豆行业市场全景评估及发展趋势研究报告》。

在 2016—2020 年始终在 80% 以上[①]。其次，我国大豆进口来源集中，议价能力弱。我国大豆的主要进口国是美国、巴西，受到中美贸易摩擦的影响，我国增加了对巴西大豆的进口，但国际贸易局势动荡，可能会进一步削弱我国的议价能力。近 20 年来，我国油料产量增长趋势明显，2021 年达到 3613 万吨，是 1978 年 522 万吨的 6.9 倍[②]。但是当前我国油料供给同样面临进口依存度过高的问题。2021 年，中国植物油脂需求在 3650 万吨左右，而国内油料作物所压榨的油脂产量 2200 万吨，需要大量进口[③]。要保障大豆和油料的供给，首先，必须增强本国大豆的生产能力。要加强自主科研能力，培育出优质的豆种，提高单产。其次，要加强对大豆种植的支持，提高农民的种豆积极性。2022 年黑龙江出台了一系列政策鼓励大豆生产，例如，原则上大豆生产者补贴每亩高于玉米生产者补贴 200 元左右，极大地提高了农民种豆积极性。再次，集中支持适宜区域、重点品种、经营服务主体，在黄淮海、西北、西南地区推广玉米大豆带状复合种植，在东北地区开展粮豆轮作，在黑龙江省部分地下水超采区、寒地井灌稻区推进水改旱、稻改豆试点，在长江流域开发冬闲田扩种油菜，开展盐碱地种植大豆示范。最后，要优化大豆和油料进口布局，实施进口多元化战略，防止被某些国家操纵市场。

---

① 进口依存度 = 进口量 /（产量 + 进口量 − 出口量），2016—2020 年大豆进口依存度分别是 86.2%、86.3%、84.8%、83.1% 和 83.7%。产量数据来自国家统计局，进出口数据来自海关总署。

② 数据来自国家统计局。

③ 第一财经：《油料油脂对外依存度高，棕榈油豆油价格创新高有何影响？》，2022 年 3 月 13 日。

要持续拓展加强与“一带一路”沿线国家的经贸合作关系，借助相关国家的农业资源优势，加强贸易合作。

保障“菜篮子”产品供给

1988年起，农业部在全国范围内推进“菜篮子”工程，大力进行生产基地和市场体系建设。随着“菜篮子”工程的推进，我国农副食品产品产量大幅增长，品种日益丰富，质量不断提高，市场体系逐步完善。根据农业农村部的数据，2021年肉蛋奶供给充足。全国能繁母猪存栏4329万头，全年猪肉产量5296万吨，比上年增长28.8%；牛羊肉产量比上年增长4.1%；牛奶产量增长7.1%；水产品产量增长2%以上[①]。“菜篮子”产品供给有保障是我国保障和改善民生的重要举措，是应对新冠肺炎疫情和国际农业贸易波动带来的风险和挑战的重要支撑。然而，我国“菜篮子”产品的供给也存在一些问题。以生猪为例，在非洲猪瘟等因素影响下，我国猪肉供给不能满足国内需求，猪肉价格上涨。2019—2021年，我国猪肉的进口量分别为199.42万吨、430.36万吨和371.06万吨，猪肉贸易逆差明显。保障“菜篮子”产品供给，需要加大力度落实“菜篮子”市长负责制。要稳定生猪生产长效性支持政策，稳定基础产能，防止生产大起大落。要加快扩大牛羊肉和奶业生产，稳定水产养殖面积。要稳定大中城市常年菜地保有量，完善棉花目标价格政策，探索开展糖料蔗完全成本保险和种植收入保险，开展天然橡胶老旧胶

---

① 《2021年粮食产量创新高肉、蛋、奶供给充足》，2022年1月21日，央视网。

园更新改造试点。各个城市确保“菜篮子”产品供给，以北京为例，北京市商务局会同相关部门和企业建立了较为完善的生活必需品供应保障机制，通过制定应急预案，必要时对肉类等重点农产品进行最高限价，发挥政府储备作用，构筑和夯实“日常供应、安全供应、应急供应”三道防线，完善和创新了保供稳价机制，实现了“菜篮子”市长负责制落到实处。

统筹做好重要农产品调控

做好重要农产品调控是我国宏观调控的重要内容，对促进国民经济平稳运行和保障人民生活水平有重要意义。改革开放以来，我国基本形成了以生产补贴、储备吞吐、进出口调节为主要内容的价格调控机制，使得农产品价格水平长期基本稳定①。2021年全国农产品生产者价格总水平比上年下降2.2%，总体稳定②。但当前我国农产品调控仍存在一些紧急问题：其一，我国玉米等农产品近几年供给短缺，进口攀升。在新冠肺炎疫情和全球经济放缓背景下，不少国家出台宽松货币政策，甚至直接设置农产品贸易障碍，带动大宗农产品价格不稳。其二，各种极端天气出现频率增加，对农产品供给造成较大威胁。其三，粮食损耗严重。我国现在每年粮食全产业链

---

① 涂圣伟、蓝海涛:《我国重要农产品价格波动、价格调控及其政策效果》,《改革》2013年第12期。

② 《构建新发展格局迈出新步伐——国家统计局相关司负责人解读2021年全年主要经济数据》，2022年1月18日，中国政府网。

总耗损率约12%，损耗的粮食占全年粮食总产量的5%左右[①]。要健全农产品全产业链监测预警体系，推动建立统一的农产品供需信息发布制度，分类分品种加强调控和应急保障。我国农业产业化水平还不够发达，产业链组织结构分散、规模较小，需要进行整合和集中。要利用互联网信息技术等对农产品生产、加工、销售等进行分析和评估，在风险出现时进行预警，保持产业链稳定性。要严格控制以玉米为原料的燃料乙醇加工。大力发展以玉米为原料的乙醇加工可能会进一步加剧我国的玉米短缺，威胁我国的粮食安全和农产品供给。要做好化肥等农资生产储备调运，促进保价稳供。要坚持全国一盘棋，保障农资运输通畅。同时要做好进出口调控，充分利用国内外两个市场、两种资源。要深入推进产运储销全链条节粮减损。在生产环节，要鼓励科学研究，培育良种，并节约用种，推进粮食精细播种和收获，减少在田间地头的损耗；在储存环节，要引导农户科学储量，推进仓储信息化运营和规范管理；在运输环节，要完善基础设施，发展现代农业物流；在加工环节，要加强粮食资源综合利用，改善加工工艺与技术装备，降低损耗；在消费环节，要健全餐饮行业标准，鼓励餐饮从业者提醒顾客按需点单，减少浪费。要加强粮食安全教育，让反对粮食浪费形成社会风气，成为大家自觉遵守的社会准则。

［本条目编写人：施红、程静，中共中央党校（国家行政学院）经济学部］

---

①《2021年“世界粮食日”主题活动在北京举行》，2021年10月15日，农民日报·中国农网。

三、发展农产品全产业链

习近平总书记指出："乡村振兴，关键是产业要振兴"[①]。这一科学论断凸显了产业在乡村振兴的重要地位。农产品加工业是乡村产业的重中之重，在促进乡村产业振兴、拓宽农民增收渠道、加快农业农村现代化等方面发挥着重要作用。充分发挥农产品加工业的引领和支撑作用，打造农业全产业链，是乡村产业发展的"进阶版"，是实现乡村产业兴旺的关键举措，也是乡村振兴的内在要求。

延伸农产品产业链条的价值意涵

农产品加工业是提升农产品附加值的关键，也是构建农业产业链的核心。发展农产品全产业链，不但有利于促进农业产业从单一生产导向到整个产业链条的形成，使农业产前、产中、产后与二三产业的关联越来越紧密，打造"产、加、储、销"一体化产业格局，推动乡村产业高质量发展，让农民分享更多产业增值收益，而且可以将农产品从原料到消费者的完整链条有机整合起来，发挥其战略协同效应、规模效应及成本优势，形成品牌效应，促进农业产业升级，补齐农业现存短板；不但有利于倒逼农业产业发展，促进农村因地制宜发展优势特色产业，促进农业精细化分工，推动农业与食品加工、医药、文创等相结合，而且可以通过延伸粮食产业链、提高粮食产品附加值，提升农民收益，让农业成为有奔头、有

① 习近平：《以更高站位更宽视野推进改革开放真抓实干加快建设美好新海南》，《人民日报》2018 年 4 月 14 日。

希望的产业；不但有利于改善农产品品质，为保障农产品质量安全、增加绿色优质农产品供给和推动农业高质量发展提供有力支撑，助力消费者高品质多样化需求的美好生活逐步实现，而且有利于乡村依托资源优势，选择主导产业，通过“一村一品”的特色发展，形成一村带数村、多村连成片的发展格局，在更大范围、更高层次上培育产业集群，汇聚更多资源要素，拓展乡村功能价值，为形成国内大循环提供坚实的战略支点。

农产品拓展与提升的顶层设计

党的十八大以来，乡村产业快速发展。农产品加工业持续发展，根据农业农村部乡村产业发展司发布的《2021 年中国农产品加工业经济运行报告》，2020 年我国农产品加工业营业收入超过 23.2 万亿元，规模以上农产品加工企业 8.1 万家，吸纳 3000 多万人就业；乡村特色产业蓬勃发展，建设了一批产值超 10 亿元的特色产业镇（乡）和超 1 亿元的特色产业村，发掘了一批乡土特色工艺，创响了 10 万多个“乡字号”“土字号”乡土特色品牌；农业产业化深入推进，2021 年全国县级以上龙头企业超过 9 万家，其中国家重点龙头企业 1959 家，充分发挥引领带动作用，不断推动农村产业融合发展。但是，在居民消费不断升级、农业劳动力产生结构性变化的新形势下，产业链条较短、融合层次较浅、要素活力不足等问题凸显。为进一步推进农业供给侧结构性改革，激发农业农村发展活力，促进农业农村现代化转型，党中央、国务院及各部门、地方各级政府及有关部门致力于打通农产品全产业链，变革创新传统农产品流通体系，围绕产销对接、模式创新、市场体系建设等，出台了一系列政策措施并取得了积极成效。2021 年的中央一号文件明确提出构建现代乡村产业体系，首先提到要依托乡村特色优势资源，打造农业全产业链，把产业链主体留在县城，让农民更多分享产业增值收益。2021 年 2 月，农业农村部在《关于落实好党中央、国务院 2021 年农业农村重点工作部署的实施意见》中提到大力发展乡村富民产业，提升产业链供应链现代化水平，首先要打造农业全产业链。5 月又在出台的《关于加快农业全产业链培育发展的指导意见》中指出："农业全产业链是农业研发、生产、加工、储运、销售、品牌、体验、消费、服务等环节和主体紧密关联、有效衔接、耦合配套、协同发展的有机整体。"发展农业全产业链的基本思路是重点发展乡村产业，以农产品加工业为重点，打造农业全产业链；以休闲旅游为重点，拓展农业多种功能和乡村多元价值；以农村电商为重点，畅通农产品商贸流通渠道，推动乡村产业发展稳基础、提效益，该文件从目标要求、路径举措进行了谋划。2021 年 8 月，农业农村部提出要立足乡村优势资源，贯通产加销、融合农文旅，打造农业全产业链，树立农业全产业链标杆，在全国开展农业全产业典型县建设评比工作，提出了"产业链条全、创新能力强、绿色底色足、联合机制紧"的四方面要求，评出了 63 个典型县。诸如河北隆尧县强筋麦全产业链、贵州修文县走出了一条山地特色现代高效农业发展之路等，为各地发展农产品全产业链提供了经验和借鉴。

农产品全产业链发展面临的现实挑战

当前，新冠肺炎疫情的爆发带来了巨大挑战，但农产品加工业创新能力和市场活力仍在不断优化增强，充分说明了我国农业取得了长足的发展。但是，我们也要看到，由于新冠肺炎疫情对世界经济格局产生冲击，全球供应链调整重构，国际产业分工深度演化，对我国农产品全产业链构建带来较大影响，再加上国内资源要素等因素的制约，农产品全产业链构建中依然存在如下几方面的突出问题：其一，农产品全产业链链条延伸不充分。由于资金、技术、人才向乡村流动仍有诸多障碍，资金稳定投入机制尚未建立，人才激励保障机制尚不完善，社会资本下乡动力不足，再加上乡村网络、通讯、物流等设施薄弱等因素的制约第一产业向后端延伸不够，第二产业向两端拓展不足，第三产业向高端开发滞后，利益联结机制不健全，小而散、小而低、小而弱问题突出，乡村产业转型升级任务艰巨。

其二，农产品全产业融合与增值效应还没有充分显现。一些农产品加工企业发展方式较为粗放，创新能力总体不强，外延扩张特征明显。根据中国农业科学院统计，2020 年我国农产品加工业营业收入与农业产值的比例接近 2.4∶1，远低于发达国家 3.5∶1 的水平。但发达国家的比例一般超过 3∶1；我国农产品加工转化率为 67.5%，和发达国家 80% 左右的转化率差距还比较大。

其三，农产品全产业链信息不对称，部分中小型生产经营主体融入链条不通畅。农业全产业链的利益主体大致分为生产主体、技术服务主体、市场消费主体、监管服务主体，信息不对称现象普遍存在于各利益主体之间。各类主体之间信息不对称，缺乏以品质为导向的农产品“生产—追溯—监管”体系，导致优质农产品辨识困难，优质优价的产业体系难以形成，农业全产业链增值受限。

推进农产品全产业链的优化路径

一是建链：系统布局。“建链”就是将农产品全产业链作为一个系统工程加以推进，从不同层面统筹布局农产品生产。例如，在区域规划层面，将农产品生产区、输出区、消费区三大区域放在一起进行全产业链的布局。在产业规划层面，合理布局农产品生产、加工、流通和消费等各个环节，增强农产品全产业链发展的协调性。在空间规划层面，除了考虑农产品生产问题外，还要想到农产品市场在哪里、出路在哪里，空间布局能不能实现有效辐射。

二是延链：集群发展。“延链”就是通过集群发展推进农产品产业链的延伸拓展，形成规模效应。一是聚焦产业布局。推动关联企业在区域内形成集群式、抱团式发展，打造一条从粮食到食品再到产品的完整产业链。二是聚力整体规划。扎根乡土，凸显特色，打造“一村一品、一乡一业”的镇域产业集群，提升农产品质量效益，辐射带动乡村产业发展。三是聚集各类要素。对人才、资金、土地等要素进行合理配置，合力推动农业集群发展。

三是补链：科技赋能。“补链”就是把科技要素向农业注入，延长、做强、优化农产品全产业链。建立科技支撑平台，发挥高校、行会、科研机构等方面的优势，围绕农产品精深加工、关键技术研发等开展攻关，提升农产品科技含量；将科技融入到全产业链中，推广绿色、循环、低碳的技术和模式，持续增强农产品全产业链的发展持续性；依托国际前沿的科学技术和管理规范，进行科技赋能，健全农业标准化的生产体系和标准体系，以增强农产品全产业链的整体功能。

四是强链：协同推进“强链”就是要强化各链条的协同推进，提升农产品全产业链的竞争力和附加值。抓牢供应链，形成将农民利益、集体利益、企业利益三者结合起来的利益链，畅通金融链。

五是优链：文化增色。“优链”就是要利用文化元素对农产品全产业链进行优化、亮化、活化。在农产品中增加文化元素，不单单能够对农产品本身的内涵加以丰富，还能进一步帮助农产品全产业链进行外延。通过加强农产品包装设计，提升农业品牌知名度和农产品文化附加值；充分发挥文化创意产业的黏合催化功能，利用文化要素推动农产品副产品的衍生、创新和加工；通过建设文创农场、体验营地等，使公众通过丰富的体验活动参与进来甚至融入其中，创造更多的消费价值，从而达到丰富农产品业态、促进农产品全产业链提质升级的目标。

［本条目编写人：张晖，中国农业大学马克思主义学院］

四、落实“长牙齿”的耕地保护硬措施

“万物土中生，有土斯有粮。”耕地作为重要的农业资源，是粮食生产的自然基础和保障前提，是一个国家最宝贵的战略资源。回顾中华民族的文明史，农业兴旺、粮食充裕则国家统一、社稷安

定；农业凋敝、粮食不足则国家动荡、社会动乱。粮食安全是“国之大者”[①]，“耕地是粮食生产的命根子，是中华民族永续发展的根基”[②]。对于有着14亿人口的中国而言，保护耕地既是确保我国保障国家粮食安全、保持战略主动的“压舱石”，又是应对各类风险挑战、确保国家长治久安和社会可持续发展的“传家宝”。

保护耕地是农业发展的前置性条件

当前，国际环境日趋复杂，世界百年未有之大变局加速演进，经济全球化遭遇逆流，保护主义抬头，新冠肺炎疫情影响广泛深远，再加上俄乌战争的爆发，不稳定性不确定性日益增加，全球粮食市场面临着更深刻的变局。而且，未来随着人口增长，消费升级，粮食需求还会有刚性的增长。在这样的背景下，我们要更加清醒地认识到粮食安全问题从来都不仅仅是个经济问题，更是个政治问题。要高度警惕新自由主义关于“自由贸易、粮食可以随便进口”的错误言论，坚持底线思维，死守18亿亩耕地红线，提升粮食和重要农产品供给保障能力，从根本上确保粮食安全和耕地安全。

---

① 习近平:《把提高农业综合生产能力放在更加突出的位置在推动社会保障事业高质量发展上持续用力》,《人民日报》2022年3月7日。

② 习近平:《把提高农业综合生产能力放在更加突出的位置在推动社会保障事业高质量发展上持续用力》,《人民日报》2022年3月7日。

保护耕地的政策设计

党的十八大以来，习近平总书记多次对耕地红线作出重要指示，强调“保护耕地要像保护文物那样来做，甚至要像保护大熊猫那样来做”[①]。“耕地保护要求要非常明确,18 亿亩耕地必须实至名归，农田就是农田，而且必须是良田”[②]；“要严守耕地红线，推动藏粮于地、藏粮于技战略加快落地，保护和提高粮食综合生产能力”[③]；“坚守十八亿亩耕地红线，大家立了军令状，必须做到，没有一点点讨价还价的余地”[④]。2020 年 12 月，在北京召开的中央农村工作会议上，习近平总书记指出:“要采取‘长牙齿’的硬措施，落实最严格的耕地保护制度”[⑤]。这一生动形象的比喻凸显了耕地保护的严峻性和重要性，充分彰显了以习近平同志为核心的党中央驰而不息严守 18 亿亩耕地红线的坚定决心和战略定力，为确保国家粮食安全提供了重要遵循。2021 年，自然资源部、农业农村部、国家林业和草原局印发《关于严格耕地用途管制有关问题的通知》，要求各地切实落实《土地管理法》及其实施条例有关规定，严格耕地用途管制。2022 年 2 月，中央一号文件出台，聚焦“保数量”“提质量”“管用

① 中共中央文献研究室:《十八大以来重要文献选编》(上)，中央文献出版社 2014 年版，第 662—663 页。

② 习近平:《中央农村工作会议在京召开》,《人民日报》2021 年 12 月 27 日。

③《中央经济工作会议在北京举行习近平李克强作重要讲话》,《人民日报》2016 年 12 月 17 日。

④ 中共中央文献研究室:《十八大以来重要文献选编》(上)，中央文献出版社 2014 年版，第 662—663 页。

⑤ 习近平:《坚持把解决好“三农”问题作为全党工作重中之重，举全党全社会之力推动乡村振兴》,《求是》2022 年第 7 期。

途”“挖潜力”“守底线”，从明确保护责任、强化任务考核、防止耕地“非粮化”、完善耕地占补平衡和加大耕地执法监督力度五个方面进一步提出落实“长牙齿”的耕地保护硬措施的具体要求，为当前复杂的国际形势下坚守粮食安全底线奠定了坚实的制度保障。

保护耕地存在的现实困境

严守 18 亿亩耕地红线，地方政府在耕地保护方面做了一些有益探索。海南省要求各级各部门通过建立健全耕地保护“田长制”、耕地“电子身份证”等方式，加强联动落实耕地保护要求。湖南省长沙县通过打造耕作层银行，推进“耕作层剥离再利用”，统筹重大项目建设和耕地精华守护，对重大建设占用的优质耕作层进行收储、管理、输送、再利用，形成了良性有序的耕作层再利用新模式等。我国粮食产量连续 7 年保持在 1.3 万亿斤以上，粮食生产喜获十八连丰。但这并不意味着我们在粮食问题上可以停下脚、歇歇气，我国粮食安全的短板仍将长期存在，尤其是在耕地保护方面，依然存在以下三个方面的突出问题：

其一，耕地尚未得到完全有效的保护。一些地方政府的政绩观存在偏差，对耕地保护的认识不到位，违法占用耕地和永久基本农田挖田造湖造景问题屡禁不止。从 2021 年自然资源部通报的 57 起耕地保护重大问题典型案例来看，一些地方不同程度存在违法占用耕地和永久基本农田的情况。此外，耕地监测、执法、管理力量滞后。一些地方政府缺乏监测的设备和专职人员配置，基本农田等重点区域存在监测站点布置过少、监测项目不够、专业技术人员不足等多方面问题。

其二，耕地规模不停缩减。除了耕地非粮化、果园化、景观化等之外，一些地方还存在耕地撂荒、粗放经营以及过多占用耕地等现象，尤其是南方一些山区丘陵地带撂荒现象比较突出。第三次全国土地调查显示，2019 年年末我国耕地总面积约 19.18 亿亩，过去 10 年间，全国耕地类减少了 1.13 亿亩。而且，优质耕地的数量有限、空间布局与城镇发展边界高度重合，耕地继续开垦面临压力较大，尤其是在东部沿海区和中西部粮食主产区土地供需矛盾问题突出，且待开发的耕地后备资源大部分处于生态保护红线内的生态环境脆弱敏感区，灌溉水资源匹配条件较差，耕地后备资源明显不足。

其三，耕地质量存在下降态势。目前，我国耕地高产田仅占耕地总面积的 31.24%，中低等级占 2/3 以上，障碍退化耕地面积占比高达 40%，盐碱耕地已达 1.14 亿亩，超过 14% 的耕地严重酸化。再加上多年来农业生产中对化肥、农药、农膜的长期使用以及高强度的连续耕作，引发了土壤有机质下降、土壤板结、土壤污染等一系列问题，导致土壤质量下降的风险不断增加。另外，高标准农田建设难度较大，需要资金集中投入和标准化管理，当前地方上不同程度地存在着建设工程滞后、标准实施不足、资金投入不当等情况，制约着高标准农田的建设。

保护耕地的路径优化

从上述问题中，可以发现我国耕地保护情况不容乐观，亟待加大耕地保护力度，严格落实“长牙齿”的耕地保护硬措施。

一是强化顶层设计，下好“先手棋”。首先，要压实地方各级党委和政府责任，实行党政同责，从严查处各类违法违规占用耕地或改变耕地用途行为。其次分域采取行动，将耕地保护和粮食生产结合起来。按照各个省份的不同特点，下达耕地保护和粮食生产的双重指标，明确每个省份的农产品面积和产量责任，有的放矢推动耕地保护以确保粮食生产。最后，分类反馈监测，将粮食作物和耕地种类精细化监管。例如可将耕地种类分为高产田类、中低等级类、障碍退化类、盐碱耕地类、严重酸化类五类进行监测，从而达到摸清底数和全面管控的目的。

二是坚持多措并举，打好“组合拳”。第一，完善耕地保护体系。一方面，要按照耕地和永久基本农田、生态保护红线、城镇开发边界的顺序，统筹划定落实三条控制线。另一方面，落实政府、耕地所有人、使用人等多主体责任，加大对耕地保护的考核及责任追究力度。第二，构建管理体系。依托北斗导航技术、高分辨率卫星遥感技术、物联网、大数据等信息技术逐步构建起“天空地”一体化网络，建立耕地管理大数据平台，全面掌握农田建设数量、质量、分布、使用等情况。

三是坚持靶向施策，用好“关键招”。其一，确保耕地数量。要严守 18 亿亩耕地红线，保证耕地保护量和永久基本农田的面积只增不减，把耕地保有量和永久基本农田保护目标任务足额带位置逐级分解下达，由中央和地方签订耕地保护目标责任书。其二，提升耕地质量。要从建设高标准农田、加强黑土地保护、治理盐碱土地、落实耕地占补平衡四方面着力改善耕地质量。其三，盘活耕地存量。积极开展耕地抛荒治理；鼓励腾退低效经果林恢复粮食种植；减少耕地非粮化存量。其四，控制耕地变量。建立部门协作、上下联动的责任机制，建立早发现、早制止、严查处的执法监督机制。

四是坚持党政同责，建好“全矩阵”。第一，横向到边协作机制。健全党领导下的耕地保护组织体系、管理制度、考核方式、监管手段，集合多方力量，形成齐抓共管的机制。第二，纵向到底落实体制。推动建立“田长制”，探索实施省、市、县、乡、村五级田长制责任体系，初步形成横向到边、纵向到底、全覆盖无死角的耕地保护新机制。第三，逆向到点的处置体制。对于落实耕地保护措施不力的各级党委政府、各级干部要严肃追责问责。

寸土耕地关乎国计，半粒粮食承载民生。保护耕地就是保障粮食安全，就是守护国家安全，就是保护我们自己和子孙后代。我们必须不折不扣地落实“长牙齿”的耕地保护硬举措，严守耕地红线，稳步提高粮食综合生产能力，让中国饭碗端得更稳更牢。

［本条目编写人：张晖，中国农业大学马克思主义学院］

五、支持农民合作社多种粮种好粮

习近平总书记在吉林考察时指出：“要突出抓好家庭农场和农民合作社两类农业经营主体发展，推进适度规模经营，深化农村集体产权制度改革，发展壮大新型集体经济。”① 由此可见，在全面推进乡村振兴战略的背景下，“谁来种地”这一现实问题的重要性愈加凸显。

发展新型农业经营主体的背景

改革以来，我国的农业经营形态发生了深刻变化，农业经营的主体从农民集体回归到了农户家庭。这极大地激发了农民生产积极性，促进了粮食产量的快速增长。但随着市场经济深入发展，小体量的农户在千变万化的市场面前显得脆弱单薄，不堪一击，其农业收益往往得不到保障，挫伤农民种粮积极性。特别是，随着打工经济兴起，城乡收入差距加大，大批农民放弃农业经营，转而流向城镇工业区，农村土地流转日益频繁，土地抛荒现象也日趋严重，“谁来种地”一度成为全社会关注的焦点问题。围绕着如何增强种地农民的组织性，提高种地农民生产积极性，保证粮食供应稳定增长，知识界展开了深入讨论。黄宗智提出，与大规模的机械化农场相比，劳动和资本双重密集型的适度规模经营农户（家庭农场）更加符合中国人多地少的基本国情，是在现有城市化及土地流转水平下解决农业隐性失业、收入低下、产业升级困难等一系列问题的出路所在②。黄祖辉认为农民专业合作社这一经营主体通过组织制度

---

① 习近平:《坚持新发展理念深入实施东北振兴战略加快推动新时代吉林全面振兴全方位振兴》,《人民日报》2020 年 7 月 25 日。

② 黄宗智、彭玉生:《三大历史性变迁的交汇与中国小规模农业的前景》,《中国社会科学》2007 年第 4 期。

创新，能够较好地解决小农户和大市场之间的矛盾，在服务社员的同时实现自身的可持续发展，并对周边农户产生一定的辐射带动作用[①]。李炳坤则认为，农业龙头企业在适应多变的市场环境和应对激烈的国际竞争方面具有较大的优势。在不断完善与广大农户的利益联结机制的基础上，农业龙头企业作为产业化经营的先导力量将扮演独特而重要的历史性角色[②]。

扶持新型农业经营主体的相关政策

党的十八大报告提出要“培育新型农业经营主体，发展多种形式规模经营”。2013 年的中共十八届三中全会和 2014 年的中央农村工作会议进一步指明新型农业经营体系的原则和具体内涵，为新型农业经营体系的构建明确了目标。在此基础上，中央陆续从多个角度为新型农业经营主体的发展制定了政策支持。如 2017 年国务院办公厅印发《关于加快构建政策体系培育新型农业经营主体的意见》，从财政税收、基础设施建设、金融信贷服务、人才培养引进等方面做出具体要求，引导新型农业经营主体健康发展。2020 年，农业农村部印发《新型农业经营主体和服务主体高质量发展规划（2020—2022 年）》，从多角度为未来两年新型农业经营主体和服务主体培育发展工作指明路径。这些政策支持为全面乡村振兴背景

---

① 黄祖辉、俞宁:《新型农业经营主体：现状、约束与发展思路——以浙江省为例的分析》,《中国农村经济》2010 年第 10 期。

② 李炳坤:《发展现代农业与龙头企业的历史责任》,《农业经济问题》2006 年第 9 期。

下，做好新型农业经营主体培育，鼓励其多种粮、种好粮提供了制度支撑。

在金融支持方面：2014 年，中国人民银行发布《关于做好家庭农场等新型农业经营主体金融服务的指导意见》，要求加大对家庭农场等新型农业经营主体的信贷支持力度，加强农村金融基础设施建设，提升新型农业经营主体综合金融服务水平，拓宽新型农业经营主体多元化融资渠道。2018 年，农业农村部发布《关于做好新型农业经营主体信息直报系统贷款贴息试点工作的通知》，帮助缓解新型农业经营主体贷款难、贷款贵问题。2020 年，人民银行等七部门联合发布《关于金融支持新型农业经营主体发展的意见》，要求加快发展面向新型农业经营主体的金融服务，创新专属金融产品，进一步提升金融服务的可得性、覆盖面、便利度，提高农业质量和竞争效力。

在资金支持方面：2016 年，中央财政安排 3.33 亿元农业综合开发资金扶持新型农业经营主体申报实施高标准农田项目。同年，农业部表示未来农业补贴将稳定增长，且新增量将向新型农业主体倾斜，以引导土地流转、适度规模经营、发展现代农业、提高农业的质量、效益和竞争力[①]。2019 年，农业农村部、财政部发布《关于支持做好新型农业经营主体培育的通知》，要求完善“保底收益＋按股分红”、股份合作、订单农业等利益联结机制，促进小农户与现代农业有机衔接，与贫困户尤其是深度贫困地区贫困户精准对接，

① 新华社：《新增农业补贴向新型经营主体倾斜》，2016 年 11 月 3 日，中国政府网。

助力脱贫攻坚。

在技术支持方面：2022 年，农业农村部启动实施“耕耘者”振兴计划、“头雁”项目和高素质农民培育计划，面向新型农业经营主体带头人开展免费培训。同年，农业农村部印发《新型农业经营主体辅导员工作规程》，规范新型农业经营主体辅导员选用、工作职责、绩效评价与管理以及支持措施等一系列流程。

新型农业经营主体发展成效与挑战

在各级政府的大力支持下，各类新型农业经营主体在过去十年间取得了长足发展，为我国农业发展和粮食生产做出巨大贡献。但同时也应看到，新型农业经营主体的发展暴露出诸多问题，要更有效地发挥其经济社会作用，还需进一步作出相应调整。

新型农业经营主体发展成效主要体现在：首先，基于土地流转的规模经营成为趋势。新型农业经营主体区别于小农经营的最大特点是规模经营，而所需土地则来自土地流转。根据农业农村部数据，截至 2020 年年底，全国家庭承包耕地经营权流转面积超过 5.32 亿亩。其中流转入农户的面积为 24882.76 万亩；流转入家庭农场的面积为 7124.26 万亩；流转入专业合作社的面积为 11453.01 万亩；流转入企业的面积为 5558.54 万亩；流转入其他主体的面积为 4200.35 万亩[①]。其次，农产品标准化、品牌化生产取得成效。传统的小农种植受农户自身条件影响，生产过程不够规范，农产品质量

① 数据来源：农业农村部政策与改革司。

参差不齐，而新型农业经营主体为降低生产成本、形成品牌效应、达到效益最大化，在生产经营中自觉采取标准化生产，以确保产品的内在一致性。同时，为提高产品的市场竞争力，越来越多新型农业经营主体进行了绿色、有机、无公害产品认证，建立完善的农产品质量安全追溯制度。最后，一二三产业融合发展，让广大农民共享现代农业发展成果。新型农业经营主体的经营范围相较于小农经营更为广泛，一方面可以建立起农产品初级加工产业链，延伸产业链条，让更多农户参与进来，分享农产品增值的收益；另一方面可以发展旅游休闲观光等特色农业，拓宽农户的收入渠道。

新型农业经营主体发展存在的问题主要是：首先，种粮意愿降低，土地多用于非粮食种植。受粮食作物和经济作物收益存在客观差距的影响，新型农业经营主体在获得土地后更倾向于种植产出高的经济作物。同时，种粮补贴政策存在补贴标准较低、补贴对象缺少针对性等问题，对新型农业经营主体的激励程度较低，未能有效释放其种粮潜力①。此外，农户流转承包地存在大量协议不规范现象，甚至口头协议缺少对粮食种植的书面合同约束，难以实现粮食种植的规模化。其次，新型农业经营主体面临多重风险。一方面，我国粮食主产区的农业生产基础设施不够完善，农田水利设施投入不足，抗干旱抗洪涝能力不强。而新型农业经营主体以规模化生产为经营方式，一旦遭受自然灾害，其受灾面积和损失更为巨大。另一方面，新型农业经营主体的产品以市场交易为目的，受市场供需

① 李冬艳:《农业补贴政策应适时调整与完善》,《经济纵横》2014年第3期。

影响较大。近年来，受生产资料、劳动力价格上涨，国际局势不稳定，以及国家宏观调控力度加大等因素影响，农产品价格持续波动。而农村地区精英外流严重，新型农业经营主体一般年纪较大，受教育水平不高，其应对市场风险的能力有所欠缺，因而更易遭受风险侵蚀①。最后，农民合作社“名实不符”现象严重。近年来，在国家政策的引导鼓励下，我国农民专业合作社数量井喷式增长，而与此同时，合作社“名实不符”“有名无实”“假合作社”“翻牌合作社”“精英俘获”“大农吃小农”“农户被参与”等现象也层出不穷②。实践中，有相当一部分合作社在生产经营管理上没有充分发挥一个正式经济组织的基本功能，比如从未召开成员（代表）大会、多年不开展任何生产经营活动，堪称“僵尸合作社”③。此外，部分合作社发挥的作用偏离合作社本质，更像是“集中收购—销售”的中间商。

进一步支持新型农业经营主体的思路

首先，优化粮食补贴政策体系，释放新型农业经营主体种粮潜力。粮食补贴政策应进一步向新型农业经营主体倾斜，粮食补贴内容中应纳入对新型种粮主体使用粮食新品种、耕作栽培技术、农业机械

---

① 黄闯:《粮食主产区新型农业经营主体发展的困境和出路》,《地方财政研究》2014 年第 10 期。

② 仝志辉、温铁军:《资本和部门下乡与小农户经济的组织化道路——兼对专业合作社道路提出质疑》,《开放时代》2009 年第 4 期。

③ 钟真:《改革开放以来中国新型农业经营主体：成长、演化与走向》,《中国人民大学学报》2018 年第 4 期。

技术、人才引进、农业经营管理技术等现代要素使用的支持政策①。

其次，提高其应对风险的能力。一方面要着力提升新型农业经营主体的经营管理能力，提高应对市场风险的能力。培养一批“有文化、懂技术、会经营”的新型职业农民，以适应新型农业经营主体快速增长的现状；另一方面，要加大农田水利基础设施建设，以及扩大农业政策性保险覆盖面，从而降低自然灾害给新型农业经营主体造成的经济损失。

最后，在重视新型农业经营主体培育的同时加强监管和规制。过去一段时间内新型主体虽然增长迅速，但也呈现出一定的无序态势，造成了国家财力物力的极大浪费，挫伤农民种粮积极性，政府应加强监管，引导新型主体健康有序发展。政府应对所培育的新型主体按一定标准定时检查，淘汰不达标经营主体；引入竞争模式，根据新型主体经营状况选择支持对象；根据经营主体具体业务类型确定扶持方式与力度，以避免国家补贴“垒大户”现象②。

［本条目编写人：吕方、张亚男，华中师范大学社会学院］

六、加快发展农业社会化服务促进种粮综合效益提高

农业社会化服务体系是指根据农业生产各个环节的需要，社会各方面向农业经营者提供的经济和技术服务的总和，一般分为产

① 李立清、江维国:《我国粮食补贴政策体系优化研究——基于新型种粮主体培育视角》,《现代经济探讨》2015 年第 1 期。

② 钟真:《改革开放以来中国新型农业经营主体：成长、演化与走向》,《中国人民大学学报》2018 年第 4 期。

前、产中和产后三部分。“产前服务”指的是农业生产资料的购买和相关信息的服务，“产中服务”多指技术、金融的服务，而“产后服务”则涵盖了农产品的收购、储存、加工和销售的内容。农业服务化体系是否完善，是衡量一个国家农业商品化和现代化程度的重要指标。

加快发展农业社会化服务体系的意义

大国小农是我国的基本国情农情。据第三次农业普查数据显示，全国小农户数量约占各类农业经营户总数的98.1%，经营耕地面积约占耕地总面积的近七成。未来很长一段时间，小农户仍将是我国农业生产的基本力量。据第七次人口普查，我国居住在乡村的人口为5.1亿，占36.1%。即使将来城镇化率达到70%，农村仍将有4亿多人口，农业还是几亿农民生存和就业的基础产业。发展农业社会化服务体系，将分散的小农户整合起来，改善落后的生产方式，把一家一户干不了、干不好、干起来不划算的生产环节集中起来，统一委托给服务主体去完成，将先进适用的品种、技术、装备、组织形式等现代生产要素有效导入农业，实现农业生产过程的专业化、标准化、集约化、降低风险、规模效益。促进农业经济可持续发展，从而实现农业现代化。

加快农业社会化服务体系的政策部署

关于“农业社会化服务体系”概念，1990年中央首次提出“农业社会化服务体系”，1991年党的十三届八中全会通过的《中共中央关于进一步加强农业和农村工作的决定》，阐明了积极发展农业社会化服务体系的重要性。1991 年 10 月，国务院颁发了《关于加强农业社会化服务体系建设的通知》，明确了农业社会化服务体系建设的内容、方式和支持方向。这是农业社会化服务体系建设的标志性文件，是此后近十年时间里推动农业社会化服务体系建设的重要依据。

进入新千年，国家加大了对农业社会化服务体系建设的投入，开始将其分为公益性和经营性服务体系分别推进。《中共中央、国务院关于做好 2002 年农业和农村工作的意见》提出“逐步建立起分别承担经营性服务和公益性职能的农业技术推广体系”。2003 年中共中央、国务院发布的《关于做好农业和农村工作的意见》进一步明确，“按照经营性服务和公益性职能分开的要求，改革农业科技推广体制”，2005 年中央一号文件进一步提出“按照强化公益性职能、放活经营性服务的要求，加大农业技术推广体系的改革力度”。2008 年党的十七届三中全会提出要建立新型农业社会化服务体系，自此进入新型农业社会化服务体系建设阶段。2012 年党的十八大对新型农业社会化服务提出新的要求，农业服务的发展方式以农业托管为主，我国农业社会化服务开始步入新的阶段。接下来，中国农业社会化服务体系呈现出服务产业、服务内容、服务方式、服务主体、服务对象多元化的基本特征，体现在以下文件中：2013 年中央一号文件提出构建农业社会化服务新机制，发展多元服务主体。2017 年三部委印发《关于加快发展农业生产性服务业的指导意见》、农业部办公厅印发《关于大力推进农业生产托管的指导意见》，2017 年党的十九大报告提出通过发展健全的农业社会化服务体系来实现小农户与现代农业发展的有机衔接。2019 年中央一号文件提出加快培育各类农业社会化服务体系。2020 年中央一号文件指出培育农业产业化联合体，将小农户融入农业产业链。

农业社会化服务体系建设的成效与挑战

经过多年的努力，我国农业社会化服务体系的发展取得了明显成效。截至 2020 年，我国农业专业服务公司等各类农业社会化服务组织已超过 95 万个，其中从事托管、半托管组织达到 44 万家。服务小农户 7800 万户，针对小农户开展农业生产多样化需求，因地制宜发展单环节、多环节、全程托管等多种服务模式。全国农业社会化服务营业收入超过 1600 亿元，服务面积达 16.7 亿亩，其中服务粮食作物面积超 9 亿亩。累计完成 8 亿亩高标准农田建设任务，帮助小农户亩均节本增效约 500 元。据农业农村部数据显示，2020 年我国主要粮食作物耕种收综合机械化率均超过 80%，小麦耕种收综合机械化率稳定在 95% 以上，水稻、玉米耕种收则分别超 85%、90%，较上年均提高 2 个百分点左右。

虽然，农业社会化服务体系建设已经取得了明显成效，但对照全面乡村振兴战略目标的要求来看，还存在很多短板，集中体现在专业化支撑不足方面。首先，面向小农户的服务组织体系不健全，供求不匹配。小农户与现代农业发展有机衔接是中国农业现代化的主要难题，瓶颈在于现代农业生产要素难以导入小农户生产过程。面向小农户的服务，面临很高的服务供给和组织成本。小农户规模小、土地碎，如果不组织起来形成集中连片的服务需求，很难匹配服务供给，且服务的降本提质效果难以显现。其次，在公益性农业社会服务体系方面，一是部分公共服务机构“有形无实”。虽然农业公共服务机构组织体系、办公条件、覆盖范围已经得到明显改善，但在县级及以下的机构改革调整过程中，部分公共服务机构被虚设或撤销，导致有职能无机构、无职能有机构的现象同时并存。二是人员知识结构滞后、普遍借调他用。三是公益性服务力量分散、布局不合理。政府涉农服务部门、供销等服务系统的机构主要是按照县域和乡镇的行政单元设置，难以形成合力。最后，在市场性农业社会服务体系方面，市场服务供给产业覆盖不均衡，主要是面向机械化水平高的大田作物，尤其是平原地区的粮食作物。服务层次集中在一般农产品、初级农产品之上，投入到高端高质高效农产品、精深加工产品的资源明显不足。

进一步完善农业社会化服务体系思路

一是，创新小农户衔接现代农业的形式。健全农业专业化社会化服务体系，要把促进小农户与现代农业发展有机衔接作为重要目标。需要消除面向小农户开展服务的组织和成本障碍，畅通专业化社会化服务的入户通道。通过村集体经济组织、农民合作社、服务经纪人或中介机构等多种形式，组织小农户统一接受服务，形成集中连片的专业化服务需求。推广普及农业生产托管模式，适应小农户全程化农业服务需求演变趋势。二是，加强农业社会化服务主体的意愿。一方面，由政府出台相应规章制度和指导意见，提供政策支持的同时形成规范的行业行为标准和合理的体系规范。明确指导市场和服务组织及单位怎么做、如何做，使市场和经营主体明确开展服务的界限和要求，在合法合理的基础上构建农业社会化服务体系。另一方面，政府投入人力、物力和财力资源，形成激励机制，明确国家对完善农业社会化服务体系的决心和信心，鼓励单位和经营组织主动投入农业社会化服务体系中。三是，加快新型农业人才队伍培养。农业人才队伍建设一直是农业发展面临的长期问题，农业人才不光对当下农业社会化服务体系的建设具有重大作用，而且对于实现农业现代化和农业的可持续发展具有重要支撑效用。四是，创新服务方式，推进信息化建设。在农业社会化服务体系运行过程中，组织体系与服务对象之间往往存在信息差，会导致社会化服务为服务对象提供的服务与服务对象主体的需求不相匹配的情况，进而使得服务达不到预期效果。加强互联网与农业社会化服务的融合，利用信息化技术实现农业社会化服务的创新，转变社会化服务模式，利用互联网与物联网，使农业社会化服务向信息化方向转变。

［本条目编写人：吕方、陆苗，华中师范大学社会学院］

第二章　坚决守住不发生规模性返贫底线

【导读】

巩固脱贫成果，是全面推进乡村振兴的首要任务。习近平总书记指出：“适时组织开展巩固脱贫成果后评估工作，压紧压实各级党委和政府巩固脱贫攻坚成果责任，坚决守住不发生规模性返贫的底线。”本章主要聚焦于脱贫人口防返贫议题，分5个条目，从完善监测帮扶机制、推动脱贫地区发展、加快搬迁群众社会融入、创新帮扶政策体系、提高兜底保障水平等五个方面，围绕确保脱贫人口不出现规模性返贫这一核心问题展开深入解读和分析，分别从顶层政策设计、地方实践成效、存在困境挑战和解决问题举措进行阐述与分析。

脱贫攻坚取得决定性胜利后，巩固拓展脱贫攻坚成果同乡村振兴有效衔接是过渡期的重点任务，确保不出现规模性返贫则是巩固拓展脱贫攻坚成果的前提和基础。2021年12月，习近平总书记在主持召开中央政治局常委会会议专题研究“三农”工作时的讲话中指出，“乡村振兴的前提是巩固脱贫攻坚成果，要持续抓紧抓好，让脱贫群众生活更上一层楼。要持续推动同乡村振兴战略有机衔接，确保不发生规模性返贫，切实维护和巩固脱贫攻坚战的伟大成就”①。

乡村振兴的前提是巩固脱贫攻坚成果，要持续抓紧抓好，让脱贫群众生活更上一层楼。要持续推动同乡村振兴战略有机衔接，确保不发生规模性返贫，切实维护和巩固脱贫攻坚战的伟大成就。因此，在实施乡村振兴战略过程中，确保不出现规模性返贫、巩固好脱贫攻坚成果是底线任务，必须坚持完善监测帮扶机制，以确保不发生规模性返贫；推动脱贫地区更多依靠发展来巩固拓展脱贫攻坚成果；加快易地搬迁集中安置区的社会融入；创新过渡期帮扶机制的政策体系；稳步提高兜底保障水平。

一、完善监测帮扶机制

完善监测帮扶机制是确保不出现规模性返贫工作的基础和前提。《中共中央 国务院关于做好2022年全面推进乡村振兴重点工作的意见》指出，要“完善监测帮扶机制”，精准确定监测对象，及时落实社会救助、医疗保障等帮扶措施，强化监测帮扶责任落实。当前，防止返贫致贫是巩固拓展脱贫攻坚成果的重中之重，应进一步认清完善监测帮扶机制对于防止规模性返贫的重要性。从完善监测帮扶机制的重要性出发，梳理完善监测帮扶机制的政策体系与实践成效，分析目前存在的主要困境，从而提出解决其困境的创新政策。

① 习近平:《中央农村工作会议在京召开》,《人民日报》2021年12月27日。

从制度上防止返贫致贫

2020 年 12 月 3 日，习近平总书记在听取脱贫攻坚总结评估汇报时指出:“要健全防止返贫监测帮扶机制，继续对脱贫县、脱贫村、脱贫人口开展监测，持续跟踪收入变化和‘两不愁三保障’巩固情况，定期核查，及时发现，及时帮扶，动态清零。”[①] 后来习近平总书记在贵州、湖南调研时多次强调要健全防止返贫监测帮扶机制。2021 年 3 月，习近平总书记在全国脱贫攻坚表彰大会上强调指出:“我们要切实做好巩固拓展脱贫攻坚成果同乡村振兴有效衔接各项工作，让脱贫基础更加稳固、成效更可持续。对易返贫致贫人口要加强监测，做到早发现、早干预、早帮扶。”[②]“坚决守住不发生规模性返贫的底线”[③]。由此可见，完善监测帮扶的对象包括脱贫县、脱贫村和易返贫致贫人口，监测的重点是收入变化和“两不愁三保障”，方针是及时有效，目标导向是防止返贫致贫。

完善监测帮扶机制的政策体系与实践成效

主要政策。在《中共中央 国务院关于实现巩固拓展脱贫攻坚成果同乡村振兴有效衔接的意见》《中共中央 国务院关于全面推进乡村振兴加快农业农村现代化的意见》《中共中央 国务院关于做

---

① 《中共中央政治局常务委员会召开会议听取脱贫攻坚总结评估汇报中共中央总书记习近平主持会议》,《人民日报》2020 年 12 月 4 日。

② 习近平:《在全国脱贫攻坚总结表彰大会上的讲话》,《人民日报》2021 年 02 月 26 日。

③ 习近平:《在全国脱贫攻坚总结表彰大会上的讲话》,《人民日报》2021 年 02 月 26 日。

好2022年全面推进乡村振兴重点工作的意见》《中华人民共和国乡村振兴促进法》等相关法规中，对完善监测帮扶机制做了战略部署。而对该项工作做出具体安排的是《国务院扶贫开发领导小组关于建立防止返贫监测和帮扶机制的指导意见》(国开发〔2020〕6号)，后来随着脱贫攻坚战的胜利，中央农村工作领导小组下发了《关于健全防止返贫动态监测和帮扶机制的指导意见》(中农组发〔2021〕7号)，对政策内容进行调整，成为了当前“完善监测帮扶机制”的最权威政策。

政策内容。(1)政策目标，坚决守住不发生规模性返贫的底线是完善监测帮扶机制的根本目标。(2)监测帮扶对象，监测对象主要针对易返贫致贫人口，主要包括脱贫不稳定户、边缘易致贫户，以及因病因灾因意外事故等刚性支出较大或收入大幅缩减导致基本生活出现严重困难户(俗称四类户)。(3)监测帮扶内容，主要是收入支出状况、“两不愁三保障”及饮水安全状况。(4)监测帮扶机制：第一，针对农村低收入人群的“两不愁三保障”及收入的动态监测机制；第二，以预防返贫致贫的精准识别机制；第三，统筹政府、市场和社会资源，坚持事前预防与事后帮扶相结合、开发式帮扶与保障性措施相结合、政府主导与社会参与相结合、外部帮扶与群众自我发展相结合的，包括在产业帮扶、就业帮扶、综合保障、临时救助、扶志扶智及其他帮扶措施在内的帮扶机制。

实践成效。在党中央、国务院的坚强领导下，在国家乡村振兴局及其他相关部门的推动下，持续完善监测帮扶机制，织密预防返贫监测保障网，做到了早发现、早干预、早帮扶，守住了不发生规模性返贫的底线任务目标。国家乡村振兴局数据显示，2021 年脱贫人口人均纯收入 12550 元，比上年增加 1810 元，增速为 16.9%，比全国农民人均可支配收入增速高出 6.4%[①]。

完善监测帮扶机制的实践困境

规模与标准方面。《国务院扶贫开发领导小组关于建立防止返贫监测和帮扶机制的指导意见》在监测范围内容明确要求："人均可支配收入低于国家扶贫标准 1.5 倍左右的家庭，以及因病、因残、因灾、因新冠肺炎疫情影响等引发的刚性支出明显超过上年度收入和收入大幅缩减的家庭。监测对象规模一般为建档立卡人口的 5% 左右，深度贫困地区原则上不超过 10%。"尽管后来的《中央农村工作领导小组关于健全防止返贫动态监测和帮扶机制的指导意见》中不再有收入标准和监测对象规模与比例问题，但地方在执行中仍有标准与规模限制，导致部分返贫致贫家庭没有纳入到监测帮扶对象行列。

监测指标体系与风险确认方面。按照既定政策要求，监测内容指标体系主要是收入支出状况、"两不愁三保障"及饮水安全状况等。但由于农户收支统计精准度问题是困扰长久的问题，不少地方主要围绕"两不愁三保障"及饮水安全状况进行展开。另外，要监测市场风险、产业风险、失业风险等风险隐患。有研究发现："目前报送的多数问题集中在人居环境等方面，未能反映对农户自身构成

① 李晓晴:《去年脱贫地区农民人均可支配收入同比增长 11.6%》,《人民日报》2022 年 3 月 27 日。

重大致贫返贫风险的问题，存在一定程度的形式主义问题，现有的报送方式不仅加大了风险研判成本，影响风险研判精准度，以此为基础进行的后续风险处置也存在偏离正确轨道的可能。”①

风险识别与风险消除方面。一是以往绝对贫困监测多为事后监测，而巩固脱贫攻坚成果，防止大规模返贫致贫是一种预防性工作，更多地要求建立基于风险——脆弱性视角下风险识别、农村低收入人群应对风险的脆弱程度分析，根据风险等级和脆弱程度精准识别监测对象的返贫致贫风险等级，确定帮扶内容。但多地政策制定“上下一般粗”，欠缺地方风险监测特征，多侧重于对返贫的外部灾害型、“三保障”以及饮水等保障型风险进行监测，对发展型、结构型返贫风险关注不够，监测“贫”的经济指标多，“困”的社会指标少，容易导致在监测过程中忽视隐性返贫风险问题。二是部分帮扶政策衔接滞后。除脱贫不稳定户享有过渡期的系统帮扶政策外，边缘易致贫户、严重困难户的帮扶政策特别是医疗保障健康帮扶政策不健全。三是规模性返贫风险预判不足。各地加强重点人群的定向返贫监测，客观上忽视返贫风险的演变规律，规模性返贫监测范围、标准界定及治理研究比较滞后，对规模性返贫监测手段不足，存在监测反应和帮扶不及时的风险。

监测机制协作程度方面。目前主要采取的是农户自主申报、基层干部排查、部门筛查预警等监测方式，客观上要求负有监测责任的主体互为补充、相互协同。部门筛查方面需要加强相关部门数据

---

① 和云路、李晋：《丽江市防返贫监测帮扶机制问题研究》，《创造》2021 年第 8 期。

共享和对接，充分利用先进技术手段，及时将预警信息分类分级反馈基层核实。但在现实中，由于农村人口流动性强，家庭个体化趋势明显，信息采集量多面广，家庭成员信息口径不统一，基层信息采集难度大，信息数据质量有待提高。社会组织、市场主体与政府的返贫风险信息监测协作机制尚未建立完善，市场主体、社会组织对内部农村职（员）工返贫风险关注不够，"政府 + 社会 + 家庭"返贫风险监测格局尚未形成。监测主体涉及扶贫、民政、教育等政府部门 20 多个，部门间监测协作机制不够灵活、信息共享不充分、返贫问题发布机制不完善等问题。

监测能力方面。当前返贫风险监测基层力量没有配设专职信息员，人均工作量繁重、监测半径较大、范围较广，监测力量相对薄弱。由于没有明确基层信息监测员任职资格和准入条件，加之缺乏相应待遇保障，内生动力不足，基层信息员素质和能力参差不齐，难以及时监测并处理基础信息。查灾勘灾专业人才没有纳入到监测队伍之中，返贫风险专业监测能力薄弱。部分区域大数据、云计算、地理信息等新技术运用有限，难以克服返贫风险点多、面广、战线长等问题，数据交流平台搭建不充分而产生拖曳效应。

完善监测帮扶机制的创新政策

科学优化监测指标。以三类人群为监测重点，注重发展型、结构型家庭返贫风险，细化定量和定性监测指标体系，建立健全农户风险识别与脆弱性分析工作体系。建议将原有监测指标优化成家庭外部环境和内部条件两大类：外部环境主要监测经济发展、基础设施、公共服务、区位资源和优惠政策等，内部条件主要监测劳动力、教育、技能、就业、创业等家庭基础和生计指标。同时，有针对性地实施分类监测。对于脱贫不稳定户，重点加强发展能力监测，主要监测劳动技能、就业情况、子女教育、生计资源等情况；对于边缘易致贫户，重点加强发展能力和基本公共服务监测，主要监测收入水平、收入来源及抗险能力等；对于严重困难户等其他农村家庭，重点加强自然灾害、突发事件、公共卫生等监测，主要监测灾害损失、就业环境、岗位供给等情况，确保及时监测到显性和隐性返贫风险。

探索规模性返贫标准。防止大规模返贫致贫工作应以行政村为基本单元，以村集体经济发展情况、村民文明素养为中心，重点监测突发公共事件、自然灾害、搬迁集中区以及乡村产业项目等影响辐射面情况，合理确定规模性返贫衡量参考指标，制定出台关于防止规模性返贫指导性文件。及时研究个案返贫的共性特征，避免引起规模性返贫现象。

完善多元监测体系。突出村级党组织的核心作用，突破依靠基层信息员采集信息的现状，健全“1+X”基层信息体系，多方引导社会组织、市场主体协调参与。发挥基层政府的执行力作用，加强基层政府对扶贫政策变化、市场经济波动、自然灾害冲击、突发公共事件等风险预警能力建设，协调动员监测资源，及时把控风险点。健全“政府 + 家庭 + 社会”监测格局，建立政府和社会组织、市场主体防止返贫监测协作机制，弥补政府风险监测不足。兰州市坚持精准监测帮扶理念，建立了兰州市“14539”监测帮扶模式。[①]河北省巨鹿将全县各个乡村划分成比村更细的网格，设立了专职的网格员，建立监测帮扶网格化机制。

强化监测能力建设。适时开发完善本级信息系统功能、防止返贫大数据监测平台、手机APP等，注重优化功能板块，规范返贫监测数据信息填报，减轻基层信息员采集工作量。如江西新余设计开发了独具特色的防返贫监测和帮扶系统将医保、卫健、教育、残联、低保、农业等11个行业部门60多家单位纳入其中，解决了预警不及时、帮扶不精准、部门联动不及时、帮扶措施不到位问题。在人才培养上，省级组织和人力社保部门制定出台激励机制，探索建立基层信息员任职资格和待遇保障制，并整合水利、气象、灾害、公共卫生等专业技术人员到返贫风险监测队伍中。建立防止返贫监测分级分类培训制度，定期开展政策和能力培训。在机制建设上，建立风险监测协作制，加强不同监测主体之间密切联系、高效协作，合理分配监测职责，建立信息共享共建制，搭建信息充分交流、积极反馈和实时汇总的开放平台。

［本条目编写人：田丰韶，河南大学哲学与公共管理学院］

二、推动脱贫地区更多依靠发展来巩固拓展脱贫攻坚成果

在新时期，脱贫攻坚成果须更多依靠发展来巩固拓展。2020

① 《筑牢保障网，脱贫不返贫！兰州完善防返贫动态监测和帮扶机制》，《兰州日报》2022年4月3日。

年12月，《中共中央 国务院关于实现巩固拓展脱贫攻坚成果同乡村振兴有效衔接的意见》要求"激励有劳动能力的低收入人口勤劳致富""着力提升脱贫地区整体发展水平"。在"以发展为源泉活水"理念指引下，脱贫地区围绕区域发展、脱贫人口发展能力两大主轴实施多样化发展项目，为巩固脱贫成果注入持久动力。

提升脱贫地区发展能力的政策实践

提升脱贫地区区域发展能力。攻坚期，政府在脱贫地区实施一批教育、卫生、文化、就业、社会保障等民生工程，改善了脱贫地区生产生活条件，壮大了脱贫地区区域经济发展能力。但由于"底子薄、起步晚"，脱贫地区与其他地区相比仍有不小的差距。在新时期，为了持续提升脱贫地区的区域经济发展能力，进一步缩小脱贫地区与其他地区的发展差距，国家谋划出台系列政策措施。

一是继续提升脱贫地区基础设施建设水平。《关于实现巩固拓展脱贫攻坚成果同乡村振兴有效衔接的意见》《关于做好2022年全面推进乡村振兴重点工作的意见》《乡村建设行动实施方案》等中央文件明确提出，继续改善脱贫地区基础设施条件，加大对脱贫地区基础设施建设的支持力度，重点谋划建设一批高速公路、客货共线铁路、水利、电力、机场、通信网络等区域性和跨区域重大基础设施建设工程，推进农村光伏、生物质能等清洁能源建设。

二是集中支持一批乡村振兴帮扶县。2021年7月，农业农村部等12部门研究制定《关于支持国家乡村振兴重点帮扶县的实施意见》，提出中央财政支持、金融帮扶、土地政策、人才政策、项目支持、生态帮扶、社会帮扶、基础设施建设、公共服务保障等 14 方面倾斜支持政策。

提升脱贫人口发展能力。发展产业是提升脱贫人口发展能力的关键途径。攻坚期间，脱贫人口通过参与产业发展项目，在培育“一村一品”产业格局基础下，脱贫人口发展产业能力逐渐增强。进入新时期，脱贫地区的产业发展进入可持续发展阶段，脱贫人口产业发展能力不能仅停留在“产业能发展”阶段，需向现代化农业逐渐过渡，即农业产业发展向标准化生产基地、延伸产业加工与流通链条、拓展农业附件功能等方向迈进。2021 年 4 月，农业农村部等 10 部门出台《关于推动脱贫地区特色产业可持续发展的指导意见》，从实施特色种养业提升行动、稳定并加强产业扶持政策、强化产业发展服务支撑等方面对脱贫地区特色产业可持续发展提出指导意见。河北省围绕“推动脱贫地区特色产业提档升级”，加大产业倾斜支持力度。2021 年涉农资金整合用于产业发展 68.51 亿元，占比 62.9%；全省 62 个脱贫县衔接资金支持产业项目 73.79 亿元，占比 66.49%；安排脱贫地区财政支农资金 108.96 亿元，比去年同期增加 18.65%。2021 年河北全省脱贫县农村居民人均可支配收入 14272 元，同比增长 12.3%，增速高于全省农民人均可支配收入 1.9 个百分点。

稳定就业是提升脱贫人口发展能力的另一途径。就业是最大的民生，是社会稳定的重要保障，就业帮扶不仅能够增加农民收入，对巩固扶贫成果、夯实乡村振兴基础也具有重要意义。2021 年以来，国家连续出台《关于做好 2022 年脱贫人口稳岗就业工作的通知》

《关于开展开发性金融支持劳务协作有关事项的通知》《关于开展易地扶贫搬迁安置区就业协作帮扶专项活动的通知》等政策文件，明确东西部劳务协作、省内转移就业、帮扶车间就业、以工代赈、乡村公益性岗位等重点工作。在地方实践上，甘肃省以23个国家乡村振兴重点帮扶县、16个省级乡村振兴重点帮扶县和易地搬迁集中安置区为稳岗就业工作的重点地区，通过深化东西部劳务协作、持续加强省内劳务协作、促进就地就近就业、开展“雨露计划+”行动、实施易地扶贫搬迁群众就业帮扶巩固提升行动等措施，牢牢守住不发生规模性失业返贫的底线，帮助有劳动能力和就业意愿的脱贫人口（含防止返贫监测对象）实现就业。

提升脱贫地区发展能力的现实困境

脱贫地区设施建设水平难以满足区域经济向更高水平发展的需求。区域内农业现代化发展、承接区域外工业转移是促进脱贫地区的区域经济发展重要载体。不管是区域内农业发展抑或区域外的工业转移，都面临产业结构改造升级的问题。发展区域内农业、承接外部工业转移，均以更高水平的生产设施建设水平为前提。脱贫地区的生产生活设施虽已焕然一新，但仍然处于较低水平，生产、加工、流通等环节的设施设备难以满足农业现代化、承接外部工业转业的需求。较低水平的设施设备成为新时期区域经济发展向更高水平迈进的障碍。

新型农业生产经营主体与脱贫人口的利益联结机制尚不完善。在中西部欠发达地区，受限于当地资源禀赋、自然条件约束，在发展壮大特色产业的同时将脱贫群众纳入生产劳作以及利益分享的纽带较为困难。一方面，中西部地区本地小规模新型农业经营主体大多数尚处于发展过程中，不具备长效稳定的联农带农能力。另一方面，由外地引入的大规模农业经营主体虽在市场机制下具备较强的自我发展能力，但未能实现脱贫地区全覆盖。因此，现阶段新型农业生产经营主体与脱贫群体的利益联结机制尚不完善，缺乏长效的利益联结机制。

市场风险之下结构性失业与阶段性失业现象并存。与普通群体相比，脱贫群体更容易成为市场上的“弱劳动力”。一方面，脱贫群体技能水平相对较差，部分脱贫群体主观就业动力不足、排斥制度化管理，使其在非农就业市场上处于竞争劣势。另一方面，随着产业升级，劳动力密集型企业逐渐减少，市场对低技能劳动力的需求下降。因此，竞争力较弱的脱贫群体自主获得稀缺的本地就业机会相对较难，也难以匹配外地发达地区就业岗位的需求。当脱贫群众受到疫情、灾害等不确定风险冲击时，很容易造成结构性失业与阶段性失业，不利于养成脱贫群体的再就业信心。

提升脱贫地区发展能力的对策建议

在保障基础生产生活设施前提下发展现代化农业生产设施。除了继续强化脱贫地区水、电、气、讯等基本生产生活设施建设以外，加大力度完善现代化农业发展所需要的现代化设备。在农产品生产环节，强化动物防疫、农作物病虫害防治技术，完善农业重大灾害的治理技术，改进农产品生产技术，推广有机种植和标准化生产技术，以现代化的生产技术确保农产品提质增效。在农产业加工环节，积极发展农产品初级加工的保鲜、贮藏等技术，以及深加工的智能化加工设施。在农产品流通环节，将现代化的物流、冷链系统延伸至脱贫村，加强农村电商人才培训和新型电商技术运用，提升特色产业电子商务支撑服务水平。

构建外部龙头企业与本地新型经营主体协同的联农带农机制。除了继续对带动脱贫人口持续稳定增收的企业进行认定，以及给予项目安排、融资贷款、用地用电等优惠政策外，积极引导有能力、有条件的本地新型经营主体参与联农带农。外部龙头企业除了充当联农带农的主体，还充当本地新型经营主体联动带农的“引路人”，在生产技术、风险防范上给予本地新型经营主体指导。倡导外部企业与本地新型经营主体共同参与联农带农，待本地新型经营主体具有独立的联农带农能力后，外部龙头企业可适当退出。

以多种手段培育脱贫人口的就业意愿与就业能力。根据脱贫人口“就业失败”具体原因分类施策。对于缺乏就业意愿的脱贫人口，采取本地化的典型案例教育，宣传本村通过就业致富的脱贫人口案例，让身边先进模范激发其就业意愿。对于缺乏就业技能的脱贫人口，开展契合脱贫人口自身的就业技能培训、岗位技能提升，帮助其增加就业能力。对于有就业意愿但要照料年幼家人无法外出务工的脱贫人口，通过公益性岗位、参与产业项目等途径实现本地就近就业。

［本条目编写人：梁爱有、陆汉文，华中师范大学社会学院］

三、加快易地搬迁集中安置区的社会融入

搬迁群众融入安置地新环境是易地搬迁工程在后续扶持工作的重要任务，是巩固拓展脱贫攻坚成果、全面推进乡村振兴的重要组成部分。进入后续扶持以来，政府通过加强安置社区治理、强化社会管理等系列举措，有效促进了搬迁群众融入安置地新环境，但同时也存在搬迁群众社会融入程度比较低等问题，需要采取针对性举措加以解决。

易地搬迁群众社会融入的进展与成效

易地搬迁群众社会融入的政策发展。社会融入是一个涉及经济、行为、文化、身份或心理等多维度的概念，社会融入包含经济融入、行为适应、文化接纳和身份认同等多个方面。①社会融入是移民发展的终极目标。2016 年国家发展改革委颁布实施《全国“十三五”易地扶贫搬迁规划》中强调易地扶贫搬迁要确保做到“搬得出、稳得住、可致富”，搬迁工程建设成为脱贫攻坚前半程的重要目标，搬迁群众社会融入目标设定在“稳得住”比较浅的层次。2019 年易地扶贫搬迁由工程建设全面转向后续扶持后，搬迁群众有效融入新环境、适应新生活成为易地扶贫搬迁后续扶持的核心任务之一，强调要通过全面加强安置区社会治理促进搬迁群众社会融入，如做好搬迁群众入住前生活方式适应性教育培训，大力推

① 杨菊华:《流动人口在流入地社会融入的指标体系——基于社会融入理论的进一步研究》,《人口与经济》2010 年第 2 期。

进移风易俗，开展生活融入、心理疏导、邻里互助、健康养老等社区服务工作。进入巩固拓展脱贫成果新阶段，社会融入任务目标获得进一步凸显，注重通过强化社会管理，促进搬迁群众社会融入。2021 年 4 月国家发展改革委等 20 部门联合印发的《关于切实做好易地扶贫搬迁后续扶持工作巩固拓展脱贫攻坚成果的指导意见》中强调要构建融合开放的安置社区，广泛开展社会工作服务，积极开展心理咨询，提高易地搬迁群众适应新环境的能力，引导所在地居民接纳和帮助易地搬迁群众，促进新老居民人际交往、文化交流、情感交融，防止造成人为的封闭隔阂。2022 年 4 月国家乡村振兴局、国家发展改革委、农业农村部组织开展易地扶贫搬迁安置点乡村治理专项行动，强调要促进搬迁群众稳得住、能融入、有活力。

易地搬迁群众社会融入的主要成效。经过努力易地搬迁群众社会融入取得积极成效。一是通过扎实推进产业发展和就业帮扶工作，易地搬迁人口经济融入取得积极成效，2021 年 464.31 万易地搬迁劳动力实现就业，就业率达到 92%，四川、广西、湖南、河南、新疆、福建、吉林等省区的搬迁劳动力就业率甚至达 95% 以上，218 万户有劳动力的搬迁家庭基本实现了至少 1 人就业目标；[①] 二是易地搬迁集中安置社区的管理服务优化提升，通过配套新建服务设施等实现安置点社区管理服务全覆盖，达到一定人口规模的安置点设立警务室、便民超市、邮电所、银行、电商服务站、集贸市场，为丰富易地搬迁群众文化生活、开展素质教育、促进社会融入提供

① 国家发展改革委:《960 多万搬迁群众的幸福感得到全面提升》，2022 年 4 月 8 日，国家发展改革委网。

了良好环境，贵州省构建“五个体系”实现了安置点基层组织、管理组织、文化活动场所和安全防控全覆盖，云南省昭通市构建“街道、社区、片区、楼栋、住户”五级网格化管理体系，为搬迁群众提供一站式服务；[①] 三是易地搬迁传统思想观念和行为模式逐渐转变，对迁入地的身份认同进一步增强。通过感恩教育、公德教育、市民教育，开展文明创建、模范评比、邻里守望等活动，引导易地搬迁群众改变陈规陋习，树立自信、自强、自立的思想观念，推动各民族搬迁群众交往交流交融。将户籍转入迁入地的易地搬迁人口日益增多。全国建设城镇安置点5000余个，安置人口500多万人，占搬迁总人口的52%，西南地区部分省份城镇安置率超过90%。贵州、陕西、广西等省区城镇化率因易地搬迁分别提升了5个、4.2个、3个百分点，云南昭通市、贵州黔西南州、云南怒江州城镇化率分别提升了7个、12个和近20个百分点。[②]

易地搬迁群众社会融入的问题

易地搬迁涉及面广、政策性强，搬迁人口完全融入安置地社会将是一个长期的过程。近年来，易地搬迁群众融入安置地取得积极成效，同时也存在一些问题。

一是安置点产业带动就业弱，搬迁人口融入安置地经济的程度

① 国家发展改革委:《“十三五”易地扶贫搬迁：伟大成就与实践经验》，2021年6月30日，国家发展改革委网。

② 国家发展改革委:《“十三五”易地扶贫搬迁：伟大成就与实践经验》，2021年6月30日，国家发展改革委网。

比较低。经济融入是易地搬迁群众社会融入的基础。易地搬迁集中安置点通过发展配套产业、扶持发展扶贫车间等促进了易地搬迁群众在安置地稳定就业。然而，配套产业发展并不理想，扶贫车间给予的工资报酬偏低，许多易地搬迁劳动力纷纷外出务工，搬迁人口融入安置地经济的程度比较低。如笔者对广西靖西市、田东县、隆安县、大化县、都安县等城镇化安置搬迁人口规模比较大的滇桂黔石漠化片区县进行调查发现，由于安置搬迁人口规模比较大而安置地配套产业发展比较弱，易地搬迁劳动力外出务工比较多，稳定就业的易地搬迁劳动力中外出务工比例最高达到 87.46%，最低的也有 47.69%。

二是安置点公共服务不够完善，影响了易地搬迁人口的社会融入。一些易地搬迁安置点的群众稳定生活在安置社区且符合低保条件，因没有转户籍只能享受农村低保，而不是保障水平更高的城镇低保。一些城镇安置社区配套学校与城镇其他学校实行分开管理，易地搬迁家庭子女集中在安置点配套学校就读，比较难获得城镇其他更好的教育资源。一些集中安置点提供医疗服务仍存在属地管理不到位的问题，安置点医疗机构在提供公共卫生服务后难以将数据录入以户籍管理为基础的电子数据平台。

三是易地搬迁弱劳动力适应能力弱，社会融入面临特殊困难。城镇集中安置区有一批年龄相对较大、技能水平相对较低的弱劳动力，主要包括 55—70 岁的老龄群体。他们不具备外出务工的条件，但具有劳动意愿和一定劳动能力，搬迁前可通过传统种养业解决基本食物需求，搬迁后生活成本增加，且因年龄或健康问题无法就业，主要靠低保（大多是农村标准）或养老金维持生活，容易出现生活困难的问题。调查发现，城镇化集中安置社区60岁左右的弱劳动力在安置点无法就业、无事可做，加之原有社会关系疏远甚至断裂，这些弱劳动力容易出现孤独、焦虑、无助、排斥等消极情感，融入安置地社会的难度比较大。

加快易地搬迁群众社会融入的举措

第一，促进易地搬迁劳动力在安置地充分就业。促进安置点配套产业高质量发展。摸清各安置点配套产业（含帮扶车间）实际运行情况，建立问题台账，处理好政府与市场的关系、就业需求和市场主体经营效益的关系，进行分类处置，该支持的支持，该清理的清理，注重实效，提高安置点配套产业带动就业能力。支持安置点企业开展“订单式”培训和以工代训，提高易地搬迁劳动力就业能力。充分发挥企业在搬迁人口就业培训的导向作用，鼓励和支持企业开展“订单式”培训、以工代训，给予企业培训补贴和政策扶持。充分发挥安置社区精准传递就业信息的治理优势，安置点“两委”干部、网格员、楼栋长等是向易地搬迁群众传递就业信息的总要主体，安置社区“两委”干部、网格员、楼栋长等通过微信群、电话通知、上门告知等方式将企业用工需求传递给未就业或不稳定就业的易地搬迁劳动力，协助他们实现在安置地稳定就业。

第二，创新和完善安置点公共服务供给。支持地方政府探索建立易地搬迁人口居住证制度。易地搬迁人口因对原承包经营管理的山林、土地、旧宅基地等收益存在顾虑，不愿把户籍迁到安置点，导致易地搬迁人口在安置地享受公共服务面临许多的阻碍。在保持原有户籍不变的基础上，给稳定居住半年以上的易地搬迁人口颁发安置社区居住证，以居住证为载体向易地搬迁群众提供城镇公共服务及办事便利。易地搬迁群众凭居住证可在城镇与市民享受同等待遇的子女入学、医疗保障、就业和学习培训等公共服务。将符合条件的易地搬迁群众纳入城镇社会保障。对稳定居住在城镇安置点超过半年的易地搬迁人口给予城镇社会保障待遇，通过精准识别，将符合城镇低保条件的易地搬迁人口全部纳入城镇低保。建立健全城乡一体的公共服务数据管理平台。由于城乡公共服务的分割，一些易地搬迁人口办理社会保障需要回到原住地，一些安置点医疗机构无法对未迁入户籍的易地搬迁人口进行数据管理。城乡公共服务的一体化是城乡融合发展重要内容，易地搬迁安置点可率先探索城乡公共服务一体化管理，解决易地搬迁人口办理公共服务“两头跑”、安置点医疗机构搬迁人口数据管理难的问题。

第三，加强易地搬迁弱劳动力精准帮扶。加强对易地搬迁弱劳动力的精准识别。城镇化集中安置社区的易地搬迁人口规模差异性比较大，既有 800 人规模的小型安置社区，也有超过 1 万人的特大型安置区。小型安置区的易地搬迁弱劳动力精准识别主要依靠安置社区组织，特大型的安置区易地搬迁弱劳动力的精准识别，人力资源与社会保障部门可通过政府购买服务聘请第三方机构开展精准识别。强化易地搬迁弱劳动力精准帮扶。人力资源与社会保障部门结合搬迁弱劳动力的发展需求，积极开发符合该群体实际情况的灵活就业岗位。整合民政局、农业农村局、乡村振兴局等相关部门资源，为易地搬迁弱劳动力提供到户到人社会支持和生计帮扶，织牢兜底保障网络，帮助易地搬迁弱劳动力尽快适应新生活、获得新生计。

［本条目编写人：覃志敏，广西大学公共管理学院］

四、创新过渡期帮扶机制的政策体系

帮扶机制衔接是巩固拓展脱贫攻坚成果同乡村振兴有效衔接的重要内容，是过渡期巩固脱贫攻坚成果的重要保障。近年来，随着我国巩固拓展脱贫攻坚成果同乡村振兴有效衔接顶层设计的基本完成，过渡期的帮扶机制也得以建立。主要包括强化乡村振兴重点县帮扶、完善东西部协作和对口支援帮扶，以及健全常态化驻村帮扶三个结构部分。

加强乡村振兴重点帮扶县工作

2020年年底我国全面打赢脱贫攻坚战，完成消除绝对贫困的艰巨任务。与此同时，部分脱贫县自然条件差、历史欠账多，自我发展能力比较弱，仍然是全国区域发展的突出短板，巩固拓展脱贫攻坚成果、全面推进乡村振兴的任务还相当艰巨。为此，中央在西部10省区市综合考虑人均地区生产总值、人均一般公共预算收入、农民人均可支配收入等指标，统筹考虑脱贫摘帽时序、返贫风险等因素，结合各地实际，确定了160个国家乡村振兴重点帮扶县，并由国家乡村振兴局公布。同时，西部相关省区市结合国家指标和本省区市实际情况自行确定省级乡村振兴重点帮扶县。

乡村振兴重点帮扶县划设后，各级政府将乡村振兴重点帮扶县作为“十四五”期间防止返贫致贫、巩固拓展脱贫攻坚成果的重点地区。在组织领导上，实行中央统筹、省负总责、市县乡抓落实的领导体制，省级政府要像抓深度贫困地区脱贫攻坚那样抓好乡村振兴重点帮扶县工作，市县乡全力推进工作，特别是县级党委和政府履行一线指挥部职责，做好进度安排、资金使用、资源调配、项目落地、推进实施等工作。在部门支持和帮扶上，中央和地方各级部门主要是对乡村振兴重点帮扶县给予项目和政策的倾斜支持。同时，也有一些专项性的支持，如2024—2025年统筹整合使用财政涉农资金试点政策实施范围由脱贫县调整至国家乡村振兴重点帮扶县；过渡期内新增建设用地计划指标中为国家乡村振兴重点帮扶县每年每县安排计划指标600亩，专项用于巩固拓展脱贫攻坚成果和乡村振兴用地需求，不得挪用；加大生态帮扶支持，逐步调整优化生态护林员政策，稳定国家乡村振兴重点帮扶县生态护林员队伍；组织东部8省市的经济较发达县市区结对帮扶国家乡村振兴重点帮扶县，在帮扶资源安排上给予倾斜支持；以未达到二级甲等医院水平的县医院为重点，在每个国家乡村振兴重点帮扶县选择一所县医院开展针对性帮扶等。

完善东西部协作和对口支援帮扶

东西部协作是全面推进乡村振兴和巩固拓展脱贫攻坚成果的重要途径。坚持和完善东西部协作机制有助于解决帮扶资源重叠分散等问题，提升协作效率，有利于深化全方位合作，推动协作双方在更高层次实现协调发展。打赢脱贫攻坚战后，中央出台《关于坚持和完善东西部协作机制的意见》，强调在保持全国对口支援体系总体稳定的基础上对东西部协作结对关系进行调整优化。结对关系调整优化后，东部地区要保持资金投入力度和干部人才选派力度不减，以 2020 年投入水平为基础，建立资金投入增长机制并将投入资金列入年度预算。明确帮扶重点，重点做好产业协作、劳务协作和消费协作，通过双方共建产业园区，推进产业向西部地区梯度转移，通过健全劳务协作推动稳岗就业，通过搭建消费协作购销平台，加大采购力度，促进农民增收。开展东西部协作考核，东部地区考核组织领导、助力巩固拓展脱贫攻坚成果、加强区域协作、促进乡村振兴，西部地区考核组织领导、巩固拓展脱贫攻坚成果、加强区域协作、推进乡村振兴。

中央单位开展定点帮扶，是中国特色扶贫事业的重要组成部分，坚持做好中央单位定点帮扶，是落实党中央决策部署的重要举措，是加强政治机关建设的需要，也是全面推进乡村振兴和巩固拓展脱贫攻坚成果的需要。中央单位从政策、资金、人才信息、技术等方面对定点帮扶县进行扶持，创新帮扶内容和方式，巩固拓展脱贫攻坚成果。根据中共中央办公厅、国务院办公厅出台的《关于坚持做好中央单位定点帮扶工作的意见》，中央单位定点帮扶任务包括：一是开展调查研究，促进巩固拓展脱贫攻坚成果。通过开展经常性调查研究，与定点帮扶县一道分析发展现状，贯彻新发展理念，推动完善巩固拓展脱贫攻坚成果同乡村振兴有效衔接实施方案，对政策执行的新情况新问题提出针对性对策建议，促进工作改进，总结典型经验与成功案例，加强宣传推广。二是督促政策落实，加强工作指导。帮助做好过渡期内领导体制、工作体系、发展规划、政策举措等有效衔接，督促落实防止返贫监测和帮扶政策机制。三是发挥单位优势，创新帮扶方式。充分发挥中央单位优势，在巩固“两不愁三保障”、发展壮大乡村特色产业、脱贫人口稳岗就业、改善脱贫地区基础设施和提高公共服务水平等方面开展有针对性的帮扶。四是激发内生动力，培育文明新风。宣传脱贫攻坚伟大成就和党中央关于全面推进乡村振兴的决策部署，引导群众听党话、感党恩、跟党走。指导帮扶县精神文明建设和思想道德建设，促进推进帮扶县农村移风易俗，形成文明乡风、良好家风、淳朴民风。五是加强基层党建，促进乡村治理完善。指导定点帮扶县抓党建促乡村振兴。指导帮助建立健全党组织领导的自治、法治、德治相结合的乡村治理体系。六是选派挂职干部，加强管理使用。继续向定点帮扶县选派挂职帮扶干部和驻村第一书记，加强对挂职帮扶干部的管理和关心支持，同定点帮扶县开展干部双向挂职交流。

健全常态化驻村帮扶工作机制

2020 年 12 月，国家颁布实施《中共中央 国务院关于实现巩固拓展脱贫攻坚成果同乡村振兴有效衔接的意见》，提出要对巩固拓展脱贫攻坚成果和乡村振兴任务重的村，继续选派驻村第一书记和工作队。2021 年 5 月，中共中央办公厅印发《关于向重点乡村持续选派驻村第一书记和工作队的意见》，强调把乡村振兴作为培养锻炼干部的广阔舞台，将乡村振兴重点帮扶县的脱贫村作为重点，对脱贫村、易地扶贫搬迁安置村（社区）继续选派驻村第一书记和工作队。

驻村第一书记和工作队助力巩固拓展脱贫攻坚成果和全面推进乡村振兴的工作任务。一是加强村党组织建设。组织帮扶村党员干部学习和践行习近平新时代中国特色社会主义思想，贯彻党章党规党纪和党的路线，增强村党组织的政治功能，提升村级党组织的组织能力。加强帮扶村的村“两委”班子建设，吸引各类人才，发展年轻党员。推动村党支部标准化规范化建设，严格党的组织生活，发挥党组织和党员在巩固拓展脱贫攻坚成果和乡村全面振兴中的作用。二是推进强村富民。协助做好常态化监测和精准帮扶工作。积极促进帮扶村特色产业可持续发展，发展壮大村集体经济。促进帮扶村落实精神文明建设、生态文明建设、深化农村改革、乡村建设行动等重大任务。三是提升帮扶村治理水平。围绕健全党组织领导的自治、法治、德治相结合的乡村治理体系，积极推动形成帮扶村党组织对村各类组织和各项工作的全面领导。推动规范村务规范化运行，完善村级议事决策、民主管理监督、民主协商等村民自治机制。推动帮扶村开展网格化管理和精准化服务，促进各类矛盾问题化解，提升乡村治理水平，推动乡村治理体系和治理能力现代化。四是为民办事服务。通过联系走访群众，了解群众发展需求和困难，推动解决群众“急难急盼”问题。关爱帮扶村困难群体，协调做好帮扶工作。保障和改善农村民生，组织帮扶村干部群众积极向上争取帮扶资源，促进各类帮扶资源下沉帮扶村，以党组织为主要承接载体，落实各类帮扶资源，提高帮扶资源使用效益。

［本条目编写人：覃志敏，广西大学公共管理学院］

五、稳步提高兜底保障水平

要实现乡村振兴的目标，不仅要靠产业兴旺带来生活富裕，也需要构建严密的社会救助体系和健全的农村社会救助制度来保障民生。“十三五”期间，社会救助兜底保障是打赢脱贫攻坚战的重要手段，也是解决特殊群体脱贫问题的关键举措，为打赢脱贫攻坚战提供了坚强支撑；在这一过程中，社会救助也得到了相应的发展和实践创新。“十四五”期间，要在充分总结社会救助与脱贫攻坚、乡村振兴衔接互嵌、共同促进的经验基础上，围绕全面推进乡村振兴稳步提高兜底保障水平。

稳步提高兜底保障水平的根本遵循

社会救助是保障基本民生、促进社会公平、维护社会稳定的兜底性、基础性制度安排，更是确保不出现规模性返贫的兜底性政策保障。十八大以来，习近平总书记对社会救助作出一系列重要论述，强调指出要坚持以人民为中心的发展思想，切实履行好兜底民生保障的职责使命。习近平总书记在中国共产党第十九次全国代表大会上报告时指出，“统筹城乡社会救助体系，完善最低生活保障制度。”[①]2021 年 2 月，习近平总书记在中共中央政治局第二十八次集体学习时强调：“要把农村社会救助纳入乡村振兴战略统筹谋划，

① 习近平：《决胜全面建成小康社会 夺取新时代中国特色社会主义伟大胜利》，《人民日报》2017 年 10 月 28 日。

健全农村社会救助制度，完善日常性帮扶措施。”[①] 从乡村振兴战略的高度，对健全农村社会救助提出了明确要求。同年，习近平总书记指出，“要完善兜底救助体系，加快缩小社会救助的城乡标准差异，逐步提高城乡最低生活保障水平，兜住基本生活底线”[②]。2022年3月6日，习近平在看望参加全国政协十三届五次会议的农业界、社会福利和社会保障界委员时强调，“要深化社会救助制度改革，形成以基本生活救助、专项社会救助、急难社会救助为主体，社会力量参与为补充，覆盖全面、分层分类、综合高效的社会救助格局。要针对特困人员的特点和需求精准施策，按时足额发放各类救助金，强化临时救助，确保兜住底、兜准底、兜好底。要补齐农村社会福利短板，加强对农村老年人、儿童、‘三留守’人员等特殊和困难群体的关心关爱”[③]。习近平总书记就乡村振兴战略背景下如何完善社会救助制度体系及兜底保障目标导向、内容体系、主体构成与格局、保障对象、规范要求、重点工作等都作出的具体部署。

稳步提高兜底保障水平的政策脉络

政策设计及主要政策。稳步提高兜底保障水平相关政策的顶层设计主要有两大类，一类是社会保障特别是社会救助的相关政策规

① 习近平：《完善覆盖全民的社会保障体系 促进社会保障事业高质量发展可持续发展》，《人民日报》2021年2月27日。

② 习近平：《扎实推动共同富裕》，《求是》2021年第20期。

③ 习近平：《把提高农业综合生产能力放在更加突出的位置 在推动社会保障事业高质量发展上持续用力》，《人民日报》2022年3月7日。

定。2014 年，国务院颁布《社会救助暂行办法》，第一次以行政法规的形式规定了以最低生活保障、特困人员供养、受灾人员救助、医疗救助、教育救助、住房救助、就业救助、临时救助等 8 项社会救助制度为主体，社会力量参与为补充的社会救助体系。2020 年，中共中央办公厅、国务院办公厅印发《关于改革完善社会救助制度的意见》，提出了系统集成、协同高效的改革目标，更加注重协同配合、制度衔接，确保改革形成整体合力，建立健全综合的救助体系，完善基本生活救助、专项救助和临时救助等救助体系。另外一类是巩固脱贫攻坚成果和乡村振兴相关政策，如《中共中央 国务院关于实现巩固拓展脱贫攻坚成果同乡村振兴有效衔接的意见》《中共中央 国务院关于全面推进乡村振兴加快农业农村现代化的意见》《中共中央 国务院关于做好 2022 年全面推进乡村振兴重点工作的意见》等，对乡村振兴战略背景下和巩固拓展脱贫攻坚成果导向下如何做好兜底保障工作作出了战略性部署。而在《中央农村工作领导小组关于健全防止返贫动态监测和帮扶机制的指导意见》（中农组发〔2021〕7 号）、《关于巩固拓展医疗保障脱贫攻坚成果有效衔接乡村振兴战略的实施意见》、《关于切实加强就业帮扶巩固拓展脱贫攻坚成果助力乡村振兴的指导意见》、《关于深入开展政府采购脱贫地区农副产品工作推进乡村产业振兴的实施意见》、《关于印发巩固拓展健康扶贫成果同乡村振兴有效衔接实施意见的通知》、《关于实现巩固拓展教育脱贫攻坚成果同乡村振兴有效衔接的意见》、《关于实现巩固拓展生态脱贫攻坚成果同乡村振兴有效衔接的意见》、《关于巩固拓展民政领域脱贫攻坚成果同乡村振兴有效衔接的实施意见》等文件，对兜底保障工作做出了具体安排。

政策内容。（1）政策目标。以守底线、防返贫、促振兴、重长效为基本原则，巩固拓展好脱贫攻坚兜底保障成果，助力乡村振兴。（2）政策对象。低保对象、特困人员、低保边缘家庭、易返贫致贫人口、支出型困难人口等低收入人口。（3）主要内容。主要包括低保救助、特困人员供养、医疗救助、住房救助、教育救助、灾害救助、就业救助、临时救助、消费帮扶、生态补偿等。

稳步提高兜底保障水平取得的实践成效

根据民政部等部门相关公报，综合型救助体系基本形成，分类救助，有针对性的、差异化的梯度救助帮扶政策目标初步实现，实现了社会救助重点从低保群体向低收入群体的扩展。低保标准大规模提高，经费投入大规模增加。全面建立县级困难群众基本生活保障工作协调机制，“一门受理、协同办理”和主动发现机制运行良好。健全社会救助家庭经济状况核对机制，完善社会救助资源库，强化部门信息共享和协同联动。重大疫情等突发公共事件困难群众急难救助成效显著，确保了疫情防控常态化背景下监测帮扶对象生产生活水平显著提升，社会组织、慈善力量、志愿服务、社会工作等参与社会救助的工作机制已经形成。截至 2021 年年底，431 万低保边缘人口、433 万支出型困难人口，4212 万低保对象和 471 万人特困人员得到有效保障，实施临时救助 1089 万人次，平均救助水平为 1147 元 / 人次。[①]

稳步提高兜底保障水平面临的现实困境

一是救助保障精准度有待提高。当前社会救助保障理念以补缺型和收入维持理念为主。按照理想状态，应该是依据基本生活需要确立救助标准，通过对家庭人均收入的核对予以补差而达到统一标准，看似实现了公平公正，但一定程度上忽略了不同家庭类型所面临的缺口差异，导致对追求人的尊严基本生存底线的平等对待和追求人的多样化需求的自由发展关注不足。还有边缘贫困人群福利悬崖问题，假设 A、B 两个家庭均为某个村庄 3 口之家，A 家庭每月收入为 1500 元，符合低保标准，B 家庭每月收入 1900 元，不符合低保标准。但是 A 家庭可以得到基本生活救助在内的所有救助服务，在经过这些救助项目的帮助后，其家庭状况远远超过了 B 家庭的生活状况。这种由于救助项目与低保挂钩而导致的福利悬崖在全国普遍存在。

二是社会救助的激励性不足。福利依赖是困扰国内外社会救助领域的普遍问题。一直以来我国的社会救助政策始终更加关注“贫”，而缺乏了有针对性的“困”，在救助的方式上也是以维持基本生存为主，忽略了提升可以解决“困”的专项救助政策的效能。以发展为导向的生产救助、能力救助不足，导致救助对象追求发展的积极性不高，造成具有一定发展潜力和自立愿望的救助对象因对

① 陈文丽:《两部门部署系列举措，保障困难群众基本生活》,《中国商报》2022 年 6 月 16 日。

应的激励和针对性支持不足，而将自身福祉提升的愿望过多寄托于外来的福利输送层面。

三是社会救助政策管理部门分散化。目前的社会救助内容全面，但都是基于相关部门在其管辖范围内为解决贫困人群的问题而建立和发展起来的。教育救助由教育部门负责、住房救助由住建部门负责、就业救助由人力资源与社会保障部门负责。从 2014 年开始逐步建立起由民政部主管，其他各部门协调配合的管理体制，但“九龙治水”的局面导致社会救助政策内部的整合和衔接水平不高。不少部门沿用已经建立的最低生活保障政策的目标瞄准机制，进而产生了各专项救助政策与低保政策的福利“捆绑”，低保救助成为其他救助的门槛标准，导致在其他方面确有困难的人群难以获得相应的社会救助“漏洞”。

四是社会救助经办机构能力不强。尽管在县级以上各个部门均建立了相应的救助项目，但在乡镇层面主要集中于“社保所”类似机构，普遍存在工作业务量大，人员不足，能力不强，信息化水平不高，经费不足等难题，社会力量介入不足，导致社会救助经办能力与民众需求满足不匹配。

创新稳步提高兜底保障水平的路径探索

1. 新发展阶段的社会救助内容完善。社会救助政策目标应从反绝对贫困转向反相对贫困，注重保障低收入群体的发展性。在持续提高待遇标准加大收入扶持之外，重视教育培训，加强对救助者的能力投资。实施差异化救助，加强对儿童、女性等群体的保护力度。重视经济政策与社会政策的融合。实施积极劳动力市场政策，积极开展就业机会与就业能力援助。

2. 提升社会救助政策的集成性和综合性。在未来一段时间，有必要对各项社会救助项目进行一定的整合，促进适度集中管理和协调统一，探索构建分层次和分梯度的社会救助政策体系。通过机构调整、职能整合、项目统筹的方式，健全社会救助对象识别、精准帮扶的集成、统筹机制。

3. 构建社会救助多元主体协同机制。引导社会力量包括企业、慈善组织和社区，慈善组织应当完善自身的发展，积极发挥在社会救助中的功效，集合社会闲置资源参与到社会救助当中去，开展慈善捐赠、精神慰藉、养老服务等。引导企业通过资金、提供物资等手段参与到社会救助政策实施当中去。健全政府购买社会救助机制，以服务委托的方式引导社会组织参与其中。强化乡村社区内部救助与互助机制，健全集体经济利益联结机制，提升集体经济收入的包容性和益贫性。

4. 提升社会救助经办机构能力。探索社会救助网格化机制，配齐配强社会救助经办人员，建立健全区（县）、镇（街）、村（居）、小组及网格员五级网络管理体系，将社会救助由被动向主动转变。建立长效培训机制，围绕基层队伍素质提高，建立科学性、规范性、有效性的基层社会救助经办人员培训机制，通过传、帮、带，有针对性地提升社会救助经办人员服务能力。建立社会救助工作人才交流、激励机制，形成“进得来、出得去、顶得上、用得好”的人才合理流动机制。健全各项规章制度，规范监督管理，健全完善社会救助的各项规章制度。建立健全社会救助集成化系统，搭建起纵横相连的信息化办公平台，优化运行机制。加大经费投入，加强基层社会救助基础条件的建设，充分调动基层社会救助经办人员及群众的工作积极性和参与主动性。积极探索引入政府购买服务的方式，扩大社会救助社会工作服务范围，提升对象认定、家庭调查、个案发现等工作水平。

［本条目编写人：田丰韶，河南大学哲学与公共管理学院］

第三章　推动农业农村高质量发展

【导读】

当前，在推进农业农村现代化的全过程和各领域，都必须始终完整、准确、全面贯彻新发展理念，主动服务和积极融入新发展格局，加快农业农村高质量发展。本章聚焦乡村发展，分6个条目，从产业融合发展、现代农业产业园建设、农业重大灾害应对、农村电商发展、农民就地就业创业、乡村绿色发展六个方面，探析有效推进农业农村高质量发展的政策方案与现实路径。

随着中国特色社会主义进入新时代，中国经济也开始由高速增长阶段加速向高质量发展阶段转变。特别是全面推进乡村振兴背景下农业高质量发展实现农业农村现代化的必然选择，也是中国式现代化道路的重要支撑。农业作为国民经济的重要基础，实现其高质量发展理应成为题中应有之义。党的十九大以来，我国农业加速转型、发展方式加快转变，产业结构不断优化，农业多功能性逐步彰显，农业农村经济逐步由总量扩张阶段向质量提升阶段转变。这不仅为拓展来源和改善品质提供了基础，还为农业供给体系与需求体系的协同性、适配性提供了条件。2022年中央一号文件也从粮食生产、产业融合、产业园建设、农村电商、农民就业创业、绿色发展等方面对农业高质量发展作出了明确部署。这一方面表明我国农业高质量发展已经从理念倡导转入政策实践阶段，将加快推动未来农业转型升级；另一方面也意味着需要我们结合政策提出的目标任务，对新条件下农业高质量发展的机遇、挑战和实现路径进行重新审视。

一、有效防范应对农业重大灾害

习近平总书记在河北省唐山市考察时指出："要更加自觉地处理好人和自然的关系，正确处理防灾减灾救灾和经济社会发展的关系，不断从抵御各种自然灾害的实践中总结经验，落实责任、完善体系、整合资源、统筹力量，提高全民防灾抗灾意识，全面提高国家综合防灾减灾救灾能力。"① 农业防灾减灾救灾建设已成为我国综合减灾体系和能力建设的关键一环。有效防范应对农业重大灾害既是保证粮食安全的前提，更是农民稳定增收的基础。新时期以来，中国防范农业重大灾害能力有了较大提高，但不断出现的自然灾害一直考验着我国应灾管理能力建设的成效。构建有效防范应对农业重大灾害的体制机制在新时期显得尤其重要。

防范应对农业重大灾害的基本情况

我国农业重大灾害现状。一般而言，农业重大灾害是指给农

① 习近平:《落实责任完善体系整合资源统筹力量 全面提高国家综合防灾减灾救灾能力》,《人民日报》2016 年 7 月 29 日。

业生产带来严重威胁和损害的自然和社会现象。根据灾害产生来源可以将农业重大灾害划分为自然灾害和社会灾害两大类。自然灾害主要以洪涝、干旱、台风、地质灾害、病虫害、低温冷冻和雪灾为主，社会灾害主要以土地荒漠化、土壤污染、水污染等为主。目前，我国的农业重大灾害主要集中于自然灾害。其中，洪涝、旱灾、病虫灾等重大农业灾害会造成粮食减产，从而影响到粮食安全。根据湖南统计局数据显示，2001 年至 2006 年湖南省平均每年水灾、旱灾、病虫灾分别造成 136.6 万、82.59 万、30.96 万吨粮食减产。其中，三大灾害每年造成的粮食减产最高为 2001 年的 430.71 万吨，占当年粮食总产量的 15.67%；其次为 2002 年粮食减产 291.4 万吨，占当年粮食总产量的 11.9%。[①] 由此可见，水、旱灾害和病虫害等重大农业灾害对粮食生产的影响都非常大，我国面临的农业重大灾情比较严重。

我国农业重大灾害的防范措施。为了有效应对农业灾害、减少农业灾害造成的危害，我国近些年提出一系列减灾救灾的政策方针。经过多年探索，我国农业灾害防范应对理念已经由单一救灾向综合防灾减灾转变，政策性农业保险深度广度不断扩大。2011 年国务院办公厅关于印发的《国家综合防灾减灾规划（2011 — 2015 年）》将“综合减灾”的内容确定为“坚持防灾、抗灾和救灾相结合，综合推进灾害管理各个方面和各个环节的工作”。2013 年 2 月财政部、农业农村部联合印发《中央财政农业生产防灾救灾资金管

① 数据来源于湖南省统计局《湖南统计年鉴》（2001—2006 年）。

理办法》，2017 年 7 月，财政部、农业农村部、水利部、国土资源部联合印发《中央财政农业生产救灾及特大防汛抗旱补助资金管理办法》，后者在扩大农业救灾资金使用范围基础上，要求贯彻“以防为主、防抗救相结合”防灾救灾理念，将农业救灾资金使用在防灾、抗灾、救灾等关键环节。2021 年 12 月，财政部对 2016 年制定的《中央财政农业保险保险费补贴管理办法》进行了修订，形成了新的《中央财政农业保险保费补贴管理办法》。新管理办法加大了种植业的政策性农业保险补贴力度，在省级财政至少补贴 25% 的基础上，中央财政对中西部地区种植业补贴比例由 40% 提升至 45%。2021 年 6 月，财政部会同农业农村部、银保监会印发《关于扩大三大粮食作物完全成本保险和种植收入保险实施范围的通知》，在前期 6 个省（24 个产粮大县）试点基础上，逐步扩展至覆盖 13 个粮食主产省份的所有产粮大县，2021 年覆盖粮食主产省份大约 60% 的产粮大县。

我国农业重大灾害的防范成效。通过综合性防灾减灾体系建设以及政策性农业保险试点建设，我国农业重大灾害在一定程度上得到有效防治，政策性农业保险覆盖面逐渐扩大。2022 年 5 月，我国各类自然灾害共造成 599.9 万人次受灾，因灾死亡失踪 49 人，紧急转移安置 9.2 万人次；倒塌房屋 1000 余间，严重损坏 1700 余间，一般损坏 9700 余间；农作物受灾面积 552.5 千公顷；直接经济损失 77.6 亿元。与近 5 年同期均值相比，受灾人次、因灾死亡失踪人数、倒塌房屋数量和直接经济损失分别下降 52%、11%、81% 和

36%。[①] 截至 2021 年，中央财政提供农业保险保费补贴的品种主要包括种植业、养殖业、森林和涉藏特定品种等 4 大类，覆盖稻谷、小麦、玉米、棉花、马铃薯、油料作物、糖料作物、天然橡胶、三大主粮作物制种、能繁母猪、育肥猪、奶牛、公益林、商品林、青稞、牦牛、藏系羊等品种；地方财政支持开展的特色农产品保险品种超过 260 个。在地方实践上，2021 年河南省已在全省约 90 个县（市、区）开展食用菌、烟叶、苹果、辣椒等 30 余大类地方特色保险险种，累计拨付省级以奖代补资金 1.72 亿元，为农户提供风险保障约 400 亿元。[②]

防范应对农业重大灾害存在的问题

一是农业重大灾害风险分散机制尚不健全，政策性农业保险面临较大的挑战。我国农业生产地域辽阔，气候类型多样、地质结构复杂。加之近些年我国气候现象异常、极端天气频发，全国重大的旱灾、暴雨、台风等自然灾害时常发生。这些重大的全国性农业灾害往往造成十分严重的经济损失，农业保险面临极大的压力。如 2019 年非洲猪瘟，畜牧业简单赔付率更是达到 105.52%，部分省份的农业保险亏损十分严重，黑龙江省农业保险赔付率超过 100%，特别是四川省份生猪保险赔付率在 200% 以上。

二是现代生物、地理、物理等先进科学技术未能广泛应用于防范应对农业重大灾害。改革开放以来，中国便十分注重自主知识产

① 数据来源于中华人民共和国应急管理部网。

② 数据来源于中华人民共和国应急管理农业农村部网。

权，在科技产业上投入大量资金、人员开展研发工作。目前，我国在现代生物、地理、物理等学科上拥有强大的技术，已在部分地区研发出能够更好防范应对各类灾害的新技术、新手段。但由于新技术、新手段在全国各地推广运用成本比较高，部分经济社会发展水平相对较低地区应用新技术、新手段的意识不强，导致防范应对各类灾害的新技术、新手段未能普遍应用于全国各地，存在越需要以新技术、新手段防范应对各类灾害的地区越缺乏应用新技术、新手段的各类条件（资金投入、专业人员、科学观念）矛盾。这对预防农业灾害发生、降低农业灾害负面影响、重振灾后农业基础设施相当不利。

三是现有的预防农业灾害体系中对自然规律的认识和把握尚有所欠缺。目前我国对各类灾害采取“综合减灾”方针，即将减灾的关键环节由抗灾、救灾往前延伸至防灾，综合推进灾害管理各个方面和各个环节的工作。这无疑是目前最为合理的减灾政策体系，但在防灾、救灾和重建三大环节，尤其是防灾节点上，忽略了灾害产生的很大原因在于自然条件与生态系统的变化。如21世纪以来洪涝灾害异常频繁跟全球气候变暖有很大关系，而全球气候变暖最大原因在于人类在生产生活中排放过多的温室气体。换言之，很大一部分农业灾害的出现是由于人类生产生活活动打乱了自然规律。而防灾最为关键之处就在于防止农业灾害的出现，要做到这点就需要从根源上防止人类过多干扰大自然内在运行规律。遗憾的是，目前的预防农业灾害体系对自然规律认识和尊重尚不是十分强调。

有效防范农业重大灾害的对策建议

1. 完善大灾风险准备金制度，健全“多层分散”的风险机制。一方面，针对农业重大灾害，完善由中央财政支持的全国和省级范围的大灾风险准备金制度，以及由保险公司层面支持的大灾风险准备金制度，构建政府兜底的后端保障，强化保险公司层面的市场保障，以此建立多方共担风险的机制。另一方面，优化大灾风险准备金税前扣除政策，以提升保险公司大灾准备金制度落实力度，增强农业保险公司等市场主体参与承担农业重大灾害风险的积极性。

2. 在人才、技术层面加大对农业重大灾害频发区的支持力度。将已证实能够有效防范农业重大灾害的现代技术设备推广运用到农业重大灾害频发区。对于缺乏运用条件的地区，国家在人才培育和技术运用给予相关政策。一方面，农业重大灾害频发区要形成以现代科学技术防范农业重大灾害的防范意识，重视培育本地人才、营造技术运用氛围。另一方面，借助国家力量，将先进地区相关人才和技术引入到农业重大灾害频发区，依靠先进地区力量提升现代科技防范农业重大灾害的能力。

3. 将“人与自然和谐共处”的发展理念融入到农业重大灾害预防体系。人类用于防范与预警农业重大灾害的现代技术不断提高，这对防范和减轻农业灾害十分重要。但需要规范现代技术（人工降雨、蓄洪等）在防范与预警农业重大灾害方面的运用标准，避免人工降雨、蓄洪等现代技术影响区域内的生态系统正常运转。为此，需要强化农业重大灾害预防体系中关于对自然规律的认识以及对自然规律的尊重，避免在利用现代技术时对自然环境和生态系统造成二次破坏。

［本条目编写人：梁爱有、陆汉文，华中师范大学社会学院］

二、促进一二三产业融合发展

推动农村一二三产业融合发展，不仅是中国城乡一体化发展的重要组成部分、提高农民增收的重要手段，也是实施乡村振兴战略、加快推进农业农村现代化的重要途径。习近平总书记强调，“要推动乡村产业振兴，紧紧围绕发展现代农业，围绕农村一二三产业融合发展，构建乡村产业体系，实现产业兴旺，把产业发展落到促进农民增收上来，全力以赴消除农村贫困，推动乡村生活富裕”。21 世纪以来，中央连续出台 19 个指导“三农”工作的一号文件，而 2022 年的中央一号文件对聚焦产业促进乡村发展提出了明确要求，重点做好“三个着力”，其中之一就是着力推进农村一二三产业融合发展，在做优做强种养业的基础上，积极拓展农业的多种功能，挖掘乡村的多元价值。

促进农村一二三产业融合发展的实践成效

产业兴，百业兴。自 2016 年 3 月中央财政专项安排 12 亿元支持安徽、重庆等 12 个省（直辖市）开展农村一二三产业融合发展试点工作以来，各地区各有关部门在继续推动农村一二三产业融合进程着重围绕农民持续增收、农民就业创业、贫困地区精准扶贫等方面聚焦发力。截止 2021 年年底，农村一二三产业融合发展体系逐步建立。农业机械化、规模化水平提高，新型农业经营主体蓬勃发展，带动亿万小农户与大市场有效衔接。[①]由此可见，各地区有关部门认真贯彻中央决策部署，把农村一二三产业融合发展作为农业农村经济转型升级的重要抓手和有效途径，积极推动政策落实和示范带动，取得了积极的成效。

第一，农村产业融合主体不断涌现。各地区有关部门把培育融合主体作为推进农村一二三产业融合发展的关键举措，培育发展了一大批基础作用大、引领示范好、服务能力强、利益联结紧的专业大户、家庭农场、农民合作社、农业产业化龙头企业等融合主体，并且实现了从数量增加到质量提升、从单纯生产到综合带动、从收益独占到利润共享的转变，展现出较强的经济实力、发展活力和带动能力。据有关部门统计，截止至 2020 年 8 月，全国农业产业化龙头企业 9.1 万家，其中国家重点龙头企业 1542 家，形成国家、省、市、县多层级乡村产业“新雁阵”，全国创建培育超过 6000 个产业化联合体，涉及农业企业 8000 多家、合作社 2 万余家、家庭农场和专业大户 21.5 万个。[②]

第二，优质安全农产品供给大幅增加。农业标准体系建设逐步完善，标准化、清洁化生产深入推进，农产品质量和安全水平进一步提升。特别是随着农村电子商务的发展，线上特产馆、品牌店、专销区加快建设、持续扩张，推动了国家食品安全战略的落地。截

① 国家发展和改革委就《2022 年新型城镇化和城乡融合发展重点任务》答问。

② 农业农村部乡村发展司对十三届全国人大三次会议第 2336 号建议的答复。

至2020年年底，农产品加工业与农业总产值比达到2.4 ∶ 1，主要农产品加工转化率达到68%。[①]

第三，农村新产业新业态提档升级。经过近年来的发展，各地涌现出多类型多样化的农村一二三产业融合发展方式，突出了农牧结合、农林结合、循环发展导向；延伸了农业产业链条，促进了农业生产、加工、物流、仓储、营销链式发展；引导了更多的农村二三产业向县城、重点乡镇及产业园区集中，推动了产城融合发展。特别是农业与文化、科技、生态、旅游、教育、康养等深度融合形成的休闲农业和乡村旅游等农业新产业新业态，呈现出主体多元化、业态多样化、设施现代化、服务规范化和发展集聚化态势。

第四，农企利益联结机制更加紧密。随着农村一二三产业融合发展的深入推进，经营主体同农民形成了订单生产、股份合作、产销联动、利润返还等多种紧密型利益联结机制，与原有的利益联结机制相比，利益联结关系出现了新的提升，农民与经营主体构建起了产业共同体、利益共同体，实现了向资源变资产、资金变股金、农民变股东的跃升。

第五，农民增收与就业渠道日益多元。通过模式创新、链条延伸、主体参与、要素激发、业态打造等，农村一二三产业融合发展使农民增收从相对狭窄的农业领域向更为宽广的二三产业领域持续拓展，从农业生产单环节向全产业链持续拓展，从农业内部向农业外部持续拓展，“获农金、收租金、挣薪金、分股金”的农民跨界

① 农业农村部乡村发展司对十三届全国人大三次会议第2336号建议的答复。

增收、跨域获利的格局基本形成。

促进农村一二三产业融合发展面临的主要问题

当前，我国农村一二三产业融合发展持续推进，但当今中国的农业面临着国内外市场压力、资源约束、环境治理、人口流动、技术革新等多方面的挑战，结合目前国内各个产业的发展现状来看，要顺利实现农村三产融合发展并非易事，我国在促进农村一二三产业融合发展的过程中还存在一些问题。

一是开展农村三产融合发展的最终目的尚需明确。我国推行农村三产融合发展的最终目的是提高农民收入。从目前开展的情况来看，凡是能够实现农村三产融合的地区，农民收入都实现了提高，但是这并不意味着这样的产业融合形式就一定能将产业利润更多地留在农地，留给农民。目前，农户与新型经营主体之间的利益联结机制还不够紧密，农户不能充分分享二三产业增值收益，农民在产业融合过程中的利益分配占比并不高。

二是农村产业融合同质化严重，产业融合发展层次不高。融合企业数量小而散，农产品加工深度不足，质量和档次有待提高，品牌竞争力不强。部分农村地区为追求短期利益，盲目跟风市场，照搬硬套其他地方的发展模式，忽视自身的发展优势和本土特色资源，缺乏差异化和创新性思维，导致产品缺乏鲜明特色、产业发展效益不高，与其他地区形成恶性竞争，不利于长期发展。

三是农村产业融合主体力量缺失，农民主体作用不显著。目前，农村产业融合主体普遍存在着发育不充分、带动能力不强的现象，新型农业经营主体呈现“小、散、弱”的特点，质量不高，内生发展动力不足，创新能力较弱，缺乏开发新业态、新产品、新模式的能力，对农业的经营发展带动能力有限。

促进农村一二三产业融合发展的对策建议

第一，完善利益分配，构建紧密利益联结机制。加强相关政策设计，让农民充分享受融合发展带来的增值收益。优先支持农业合作社等与农户具有密切联系的经营组织，构建“公司 + 合作社 + 农户”“公司 + 基地 + 农户”等农企融合共赢模式。将农民特别是贫困家庭劳动力安排到产业组织和产业链中，带动农民积极参与融合发展，实现稳定增收。在支农资金分配、涉农企业扶持等方面，向有利于农民分享增值收益的融合主体倾斜，确保农民更好地分享产业链增值的效益。

第二，聚焦要素需求，完善要素供给政策体系。农村一二三产业融合发展，离不开劳动、资本、土地、知识、技术等生产要素支撑。要根据农村产业融合发展用地特点，完善相关政策体系，在用地总体规划及农业领域专项规划中对一二三产业融合发展用地予以保障。多渠道盘活农村存量土地资源。在履行相关手续和不改变土地性质前提下，鼓励经营主体依法使用农村集体建设用地以及四荒地。

第三，培育市场主体，激发融合发展市场活力。培育大型农业龙头企业，以龙头企业为核心，依托区域特色产业，引导融合主体向优势产区、综合性加工园区集中，因地制宜组建农业产业化联合体，实现规模化集约化经营，提高农产品市场竞争力，示范带动农村一二三产业融合发展。建立全面的农村产业融合服务体系。发展农民合作社联合社，拓展供销合作社经营领域，推动供销合作社与新型农业经营主体有效对接，培育大型农产品加工、流通企业。

第四，强化应急管理，有效应对各种风险挑战。农业生产经营面临自然、市场、社会等多重风险。增强农村一二三产业融合发展的稳定性和可持续性，需要强化应急管理。以土地、劳动、资本、订单生产等方式，强化利益共享、风险共担。建立农村一二三产业融合发展的公共服务平台，逐步完善土地流转、订单农业等风险保障金制度。加大对涉农保险的支持力度，推动农业保险加快发展，提高涉农企业的风险应对能力。

促进农村一二三产业融合发展的典型案例

山东潍坊打造海水稻三产融合发展示范区。海水稻又称耐盐碱水稻。2018 年山东省潍坊市探索开发原为盐碱地的禹王湿地，如今三产实现产值 3.8 亿元。一产种养方面，其与袁隆平院士团队围绕“耐盐碱抗逆性”海水稻开展深度公关合作，自主研发适合盐碱地的水稻种子。示范区配套建设了育苗温室，采用稻虾共养、稻麦轮作、秸秆发酵有机肥等新型生态循环农业模式。二产加工销售方面，示范区致力于海水稻深加工，打造“种福田”“袁匠”两大海水稻产业生态品牌，拓展大米、米酒、白酒、米粉、米饼、调味品、化妆品等深加工业态，实现全产业链发展，提升海水稻附加值。三产方面，利用禹王国家湿地公园文旅优势，打造文化展示、农业科普、休闲观光于一体的都市农旅小镇。

［本条目编写人：刘杰、周玉玲，华中师范大学社会学院］

三、推进现代农业产业园建设

建设国家现代农业产业园，培育农业农村经济发展的新动力、不断提高农民收入，是新时期中央推进农业供给侧结构性改革、加快农业农村现代化的重大举措，是促进乡村产业兴旺，实施乡村振兴战略的有力抓手。我国农业产业园区的建设始于 20 世纪 90 年代，以“都市农业”为核心的实践在长江三角洲、珠江三角洲等地展开。农业产业园区建设以其“专业化、规划化、特色化”为我国解决“三农”问题开辟了新途径。近年来，国家高度关注现代农业产业园的建设与发展。自 2017 年启动建设现代农业产业园以来，国家出台了大量促进现代农业产业园发展的政策和举措来推动农业高质量发展、加快农业农村现代化。2017 年 2 月，指导“三农”工作的中央一号文件《中共中央 国务院关于深入推进农业供给侧结构性改革 加快培育农业农村发展新动能的若干意见》中提出，要鼓励地方统筹相关项目资金，科学制定产业园规划，吸引龙头企业和科研机构建设运营产业园。鼓励农户和返乡下乡人员通过订单农业、股份合作、入园创业就业等多种方式参与建设，分享收益。2020 年《中共中央 国务院关于抓好“三农”领域重点工作确保如期实现全面小康的意见》中明确要求，要加快建设国家、省、市、县现代农业产业园，支持农村产业融合发展示范园建设，办好农村“双创”基地。2022 年《中共中央 国务院关于做好 2022 年全面推进乡村振兴重点工作的意见》中进一步提出，要推进现代农业产业园和农业产业强镇建设，培育优势特色产业集群，继续支持创建一批国家农村产业融合发展示范园。由此可见，建设现代农业产业园是新时代推进乡村产业振兴的重要抓手，是农业农村现代化的重要基础。

建设现代农业产业园是新时代推动乡村产业振兴的重要抓手

2017 年以来，中央一号文件连续 6 年对产业园建设作出部署。农业农村部和财政部贯彻落实中央要求，支持创建了 200 个全产业链发展、现代要素集聚的国家现代农业产业园，其中已认定 130 个，带动构建了国家、省、市、县产业园建设体系，基本形成了以产业园为抓手推动现代农业发展的工作格局。2022 年，农业农村部和财政部安排创建 50 个国家现代农业产业园[①]。现代农业产业园是实现一二三产业融合发展的载体，是联动城乡的有力纽带，有利于在更深层次吸引、集聚现代生产要素，打造集生产、加工、流通、销售于一体的全产业链，在增加农民就业和带动农民增收等方面具有显著效果。

一是壮大主导产业，促进产业振兴。各地选准县域优势特色主导产业，按照“生产 + 加工 + 科技”一体化发展要求，加快建设大基地、发展大加工、创新大科技、开展大服务、培育大品牌，提高了产业链现代化水平，形成了一批集中度高、规模大、效益好的优势产业。许多产业园已经成为区域或全国产业发展的风向标和行业

① 《农民文摘·2022 国家强农富农惠农政策专刊》，中国农村杂志社，2022 年 6 月。

排头兵。

二是创新紧密型联农带农机制，增加农民收入。各产业园以土地入股、务工就业等形式，推动发展股份制、订单农业等多种利益联结方式，使农户与各类新型经营主体建立了利益联结机制，构建了“农户 + 合作社 + 加工营销”的利益联合体，把产业链的就业岗位更多地留在农村、增值收益更多地留给农民，显著带动了农民就业增收。

三是创建培育增长动能，壮大县域经济。各地大力推动人才、土地、资本、科技、信息等现代要素向产业园聚集，引导先进生产力“出城进园入农”，形成了一批上下游紧密协作的产业集群，成为县域经济发展的新动能、新引擎。

四是促进产村融合，带动乡村建设。许多地方以产业兴、农村美、生态优为导向，将产业园建设与休闲观光、民俗风情有机结合，将产业发展与村庄空间布局、基础设施建设、公共服务配置、美丽新村建设同步规划，培育了一批生产生态生活相融相促的乡土小村、特色小镇，形成了产业围绕新村转、新村围绕产业建的乡村建设布局，促进了乡村功能提升和农村人居环境改善。

新发展阶段建设现代农业产业园面临的主要问题

随着国家级产业园的创建，各地也迅速行动，全国各省财政专项投入、全国多层次的现代农业产业园体系正在形成，我国现代农业产业园已成为乡村产业振兴的“牛鼻子”。但在实际建园过程中，现代农业产业园的建设仍然存在许多问题。

一是主导产业选择非粮化倾向明显，同质化比较严重。在2017—2018年批准创建的62个国家现代农业产业园中，涉及粮食、棉花、油料等重要农产品的仅有17个，以粮食为单一主导产业的仅有2个，非粮化倾向比较严重[①]。部分产业园在产业选择上，地域特色不够鲜明，同质化现象比较严重，没有凸显当地优势农业资源，存在产业优势不突出、关联性不强的现象，不利于产业做大做强。

二是产业链条短，产业融合度不高。目前，我国部分现代农业产业园产业链条短，依旧停留在卖“原字号”“初字号”产品阶段，产品种类单一。部分产业园一二三产业发展不平衡、关联度不高，同时也未针对一二三产业发展的短板进行升级改造，做大做强现代农业产业园的产业支撑。大部分产业园初级产品多、深加工不足、加工转化率低、产业链延伸不足。个别产业园加工业发达，但是规模种养基地发展不足，原料来源依赖其他市县，产业链不完整。

三是农民参与度偏低，利益联结机制有待完善。一些产业园在目标规划上存在一定偏差，农业相关基础设施投资不足，农民参与度低，带动能力不强。部分园区企业与农民的利益联结机制还处于订单农业、土地租金收益、就近打工收益等浅层次水平，对如何体现农民的主体地位、确保农民长期收益，具体措施不多。

四是财政资金投入方式单一，撬动社会资本力度不足。首先部分产业园“偷梁换柱”，利用中央财政对创建产业园的奖补资金，

---

① 肖琴、罗其友:《国家现代农业产业园建设现状、问题与对策》,《中国农业资源与区划》2019年第11期。

提升当地基础设施条件，整治乡村人居环境，资金使用不规范，导致产业园公共服务设施建设资金不足，没有充分发挥财政资金“四两拨千斤”的导向性作用，公共服务能力滞后，金融服务没有资金保障，无法撬动社会资本的投入，产业园发展停滞不前。其次，农业领域 PPP 模式尚无成熟案例可循，均停留在方案构想阶段，未实质性实施，投入产业园的社会资本力度不足。

完善现代农业产业园建设的路径

“十四五”时期，是全面推进乡村振兴、加快农业农村现代化的关键时期。党的十九届五中全会对优先发展农业农村、全面推进乡村振兴作出了部署。现代农业产业园建设工作要抓得实、投入大、效果好，要不断推动县域农业主导产业向园区集中，促进农业生产、加工、物流、研发、示范等相互融合和全产业链开发，加快数字技术向农业各领域渗透，提升乡村产业园区化、融合化、数字化水平，推动现代农业产业园建设取得新进展，为全面推进乡村振兴、加快农业农村现代化提供支撑。

第一，优化主导产业选择，强化产业支撑。要立足资源禀赋、区位环境、产业集聚等比较优势，做大做强传统特色优势主导产业，体现区域差异性，提倡形态多元性。区域主导产业的选择要符合“区域资源和生产条件较好、比较优势明显，产业可延伸性强、市场开发价值较高，产品品质具有特色、竞争优势明显”等条件，确保产业发展持续性。依托优势特色主导产业，建成一批规模化原料生产大基地，培育一批农产品加工大集群和大品牌，将产业园打造为品牌突出、业态合理、效益显著、生态良好的乡村产业兴旺引领区。

第二，提升产业链供应链现代化水平，深入推进三产融合。推进“生产 + 加工 + 科技”一体化发展，延伸产业链条、贯通供应链、提升价值链、培育知名品牌，促进全产业链开发、全链条增值。打破农业管生产、工业管加工、商业管销售的产业形态，实现一二三产业的系统协调、融合发展。比如江苏省淮安市盱眙县现代农业产业园以龙虾为核心元素，建设以虾稻共生为引领的国家现代农业产业园、以虾稻共育体验为主的霍山田园综合体，新建龙虾博物馆，培育以龙虾为核心吸引物的工业旅游区，推出系列龙虾文创产品、开发龙虾旅游精品线路……不断推进龙虾产业的深度融合。

第三，完善利益联结机制，保障农民充分受益。把与农民建立紧密利益联结机制作为项目支持的前提条件，强化利益联结，让农民更多分享产业链增值收益。同时，创新利益联结模式，将企业与农民从简单的产品购销、劳务聘用，转变为更为紧密的合作共赢关系，让农民更多分享产业增值收益，增加农民经营性收入和工资性收入。积极探索集体土地、房屋等资源资产参与产业园建设的可行路径，增加农民财产性收入，让农民长期享有持续稳定的收益。

第四，丰富财政资金投入方式，提升财政资金撬动能力。在补助、先建后补、贴息、以奖代补等财政投入方式中，明确要求产业园至少采用两种及以上，推动地方丰富财政资金投入方式。对采用融资担保、产权入股、PPP 模式等，且实施效果好的项目，额外给予奖励，激发地方创新财政资金投入使用方式的动力。同时，鼓励地方创新涉农财政资金整合机制，在确保完成国家现代农业产业园目标任务的前提下，将各级财政安排的性质相同、功能互补、用途相近或衔接的涉农资金纳入统一资金池，统一资金拨付、统一组织实施、统一考核验收，形成财政扶持合力，提升财政资金使用效益。

［本条目编写人：刘杰、刀小丹，华中师范大学社会学院］

四、农村电商大有可为

2020 年 4 月 20 日至 23 日，习近平总书记在陕西柞水考察时指出，电商作为新兴业态，既可以推销农副产品、帮助群众脱贫致富，又可以推动乡村振兴，是大有可为的。农村电商是指涉农生产经营主体利用互联网等现代信息技术手段，在网上完成产品或服务销售、购买和电子支付等业务交易的过程。农村电商涵盖农村消费品电商、农业生产资料电商、农产品电商三大领域，打通消费品和农产品的双向流通渠道，能够有效服务城乡消费者的多样需求。近年来，我国农村电商发展迅速，农村电商基础设施加速完善，电子商务进农村综合示范深入推进，交易规模持续快速增长，电商扶贫成效有目共睹，平台企业和大型农企积极参与发展农村电商，有力促进了农民增收和农村经济社会发展。

我国农村电商发展成效显著

我国农村电商的蓬勃发展得益于中央政策的大力支持，2005 年中央一号文件第一次提到“电子商务”，随后十年的中央一号文件都从流通方式、交易方式和平台建设的角度对农村电商做出新要求。2015 年起中央一号文件加大对“农村电子商务”发展的部署力度，不断健全农村电商发展体系，支持农产品进城、农资和消费品下乡。“十四五”规划国家提出加快推进数字乡村建设，农村电商是其中重要内容。经过近 17 年的发展，我国农村电商发展成效显著。

农村电商成为引领乡村经济发展的新动能。“十三五”时期，我国农村电商发展是全国电子商务发展的亮点，农村电商促进了农产品上行和工业品下乡，为推动城乡商品“双向流通”开辟了重要渠道，引领了乡村经济发展。根据商务部数据，农村网络零售额由 2015 年的 3530 亿元，增长到 2021 年的 2.05 万亿元，总体规模扩大近 6 倍，远高于全国电子商务整体增速①；我国电商物流农村业务量指数保持增长态势，全年均高于电商物流指数。根据《2021 年全国县域数字农业农村发展水平评价报告》，2020 年，我国农产品网络零售额达 4158.9 亿元，已占到农产品零售总额的 10%。2020 年全国县域农产品网络零售额为 7520.5 亿元，占农产品销售总额的 13.8%，比上年增长了 3.8 个百分点。城镇居民通过农村电商选择全国各地特色优质农产品，农村居民通过农村电商选择多样化产品，乡村消费潜力不断释放。

农村电商有效助力贫困地区发展。电商扶贫是我国精准扶贫的重要手段，贫困地区利用互联网打通农村商品上行和下行渠道，带

① 《农村网络零售额同比增长 16.3%》，《人民日报》2021 年 12 月 10 日。

动了一大批贫困人口脱贫致富，也极大地改善了贫困地区的发展面貌。不少研究表明，信息可获得性的改善（如智能手机、互联网的发展）提高了资源的可获得性，激发了投资的意愿，有助于调动贫困户的内在发展动力。同时，信息沟通技术的创新发展（如微信、微博、抖音等）又能极大地促进社会资本的积累，在一定程度上扩大社会网络、强化社会信任、提高社会参与，有助于带动外在资源向贫困户集中。基于这两个方面的综合作用，贫困地区有效借助创新技术及互联网平台的力量，获得了新的发展势能，成为我国农村电子商务发展中的重要获益者。商务部数据显示，截至2020年年底，国家级脱贫县网商总数达306.5万家，较2019年增加36.6万家，同比增长13.7%。2020年电子商务进农村综合示范项目累计支持1338个县，实现了国家级贫困县的全覆盖[①]。2017年12月至2020年12月，832个国家级脱贫县共在阿里平台销售商品超2700亿元[②]。农村电商为脱贫攻坚取得全面胜利做出了独特的历史性贡献。

农村电商增强农业农村发展韧性。疫情爆发以来，特别是2020年年初疫情爆发期间，传统供销渠道受阻，农产品滞销严重，农户生计受到影响，乡村发展承受巨大压力。农村电商凭借线上化、非接触、供需快速匹配、产销高效衔接等优势，成为有效应对新冠肺炎疫情、增强农业农村发展韧性的重要手段。在这一阶段，

① 农业农村部信息中心：《2021全国县域数字农业农村电子商务发展报告》，2021年9月。

② 阿里巴巴集团：《2020—2021阿里巴巴集团社会责任报告》，2021年12月。

农村电商呈现出跨界合作、直播带货等多种创新方式，催化社交类电商迅速发展，为保障人民群众日常生活需求和春耕物资生产需求发挥了重要作用。例如拼多多、淘宝、一亩田等平台在疫情期间开辟助农专场，政府、企业、平台多方合作，推动多领域、多渠道同向发力，有效助力农产品上行。阿里、拼多多、京东、抖音、快手等互联网公司业务下沉，除了培育市场之外，还大规模培养主播。据统计，截至 2020 年 3 月底，全国已有 6 万多名农民入驻淘宝直播，成为农村主播。

农村电商助推本地城镇化发展。城镇化是现代化的必由之路，也是我国最大的需求潜力所在，对推动经济社会平稳健康发展、构建新发展格局、促进共同富裕具有重要意义。当前，不少地区在农村电商迅速发展的带动下，以农村电商为基础，逐渐形成了人才、资金、技术、信息等要素向县域的集聚，促进城乡要素融合发展，倒逼本地基础设施和公共服务提质升级，从而反向助推本地城镇化，形成了新型城镇化的新模式。在农村电商的助推下，越来越多的县迈出本地城镇化发展的坚实步伐。

农村电商发展的问题与挑战

农业农村全产业链数字化转型不足。目前农村电商基本打通销售环节，但农业全产业链数字化转型问题突出，在一定程度上制约了农村电商高质量发展。具体表现为一是农村物流体系数字化体系有待构建，末端服务能力有限影响了农村电商产品的品质，也增加了物流配送成本，出现农产品“难以出村”、工业品“难以进村”

的双重困境。同时我国生鲜农产品电商发展仍受制于不完善的冷链运输、冷冻仓储、冷链配送体系，无法实现规模性发展和突破。二是农业农村产业的生产体系和管理体系数字化转型不足成为农村电商高质量发展的瓶颈，导致农村电商在提高产品质量、提升流通效率等方面存在短板。

农村电商应加强数据、交易、金融等方面制度创新。一是农村电商数据制度管理和创新有待加强。农业农村大数据是农村电商发展的基础，当前由于农村电商发展仍面临数据支撑不足的问题，涉农管理部门之间数据壁垒严重、数据资源意识淡薄，影响农村电商高质量发展。二是农村电商要进一步完善交易保证制度，保障商家和消费者权益。农村消费者辨别能力差、维权意识薄弱，近年来部分农村电商主打低端商品，以廉价商品和假冒伪劣产品等手段迅速抢占农村市场，影响恶劣。三是农村电商金融服务有待创新，我国农村电商的基础设施和服务体系建设大多以政府补贴为主，市场化程度不足，特别是电商扶贫体系面临可持续性挑战。中小微农村电商企业普遍面临融资难、融资贵等问题，农村电商金融服务亟待创新。

“数商兴农”新阶段要推动农村电商发挥更大作用

“数商兴农”最早是商务部 2021 年部署的数字商务建设的五大行动之一，2022 年 10 月“数商兴农”也被写入《“十四五”电子商务发展规划》。2022 年中央一号文件提出加大力度实施“数商兴农”工程，并与“快递进村”工程、“互联网 +”农产品出村进城工程相结合，扩大电子商务进农村覆盖面，推动农村电商发展进入新阶段。“数商兴农”工程是对农村电商发展的系统升级。“数”指数字技术、数据要素，“商”指商业和产业，“数商兴农”是在改善农村电商的基础设施、物流配送和农产品电商化，促进产销衔接的基础上，充分发挥数字技术和数据要素对农业农村商业产业发展的改造作用，全面提升农村产业的数字化、网络化、智能化水平，推动农村电子商务高质量发展，助力乡村振兴和农业农村现代化。推动农村电商高质量发展，建设好“数商兴农”工程是“十四五”乃至更长时期农业农村发展的重要任务。

一是加速推进农业全产业链数字化进程。农业全产业链数字化是农业“数商兴农”的基础，有助于全面提升农业生产效率，推动农业现代化发展。首先，要加强农业大数据前沿技术研发，加快布局农业大数据的收集、分析等相关技术，完善农业数据科学和建模平台，夯实农业数据服务基础。其次，建设农产品全产业链大数据中心，将农产品产业体系、生产体系、管理体系进行数字化融合，应用人工智能云计算来快速获取处理分析农业信息，为农业生产经营者管理提供全维度高精度的决策建议。再次，加强重点地区优势产业全产业链数字化工程，鼓励流通企业、电商平台、批发市场助力区域农业产业发展数字化进程。最后，要积极探索和研究数字农产品供应链普惠金融的新模式，建设资金链、产业链、创新链“多链融合”加速推进农业全产业链数字化发展。

二是大力推动县域产业数字化转型。县域是“数商兴农”工程的重要承载地，充分利用“数商兴农”工程契机，大力推动县域产业数字化转型。一方面加强县域商业体系和县乡村物流配送体系建设，持续完善县域数字化发展基础设施，推动生产加工和仓储物流基础设施、智慧仓储、产销地冷链设施和服务网络、农村传统零售终端数字化改造。另一方面，加快推动电子商务与县域产业、农产品加工、乡村休闲旅游等二三产业有效融合，引领和规范社区团购、直播电商、短视频电商、社交电商、农产品众筹、预售、领养、定制等农村电商新业态发展，开拓“数商兴农”新局面。

三是持续改善农村电商发展的制度环境。农村电商是农村经济发展的新动能，现已形成一整套农村电商发展的支持体系。但在“数商兴农”新阶段，仍要持续改善农村电商发展的制度环境，支持农村电商创新创业，鼓励大型企业积极参与，营造农村电商发展的良好制度生态。首先，在农业农村大数据发展体系下，构建农村电商大数据资源共建共享机制，从数据确权、共享机制、法律法规保障等方面统筹规划，解决涉农管理部门之间数据壁垒严重、数据资源意识淡薄等迫切问题。加快发展农村电商发展大数据，为“数商兴农”构建坚实底座。其次，强化交易制度建设和农村电商品牌打造，做好农业品牌培育塑造、营销服务和监管保护。最后，加强金融信贷支持，鼓励各类金融机构应用数字技术创新信贷产品和风控手段，精准对接农村电商金融需求，助力农村电商发展。

［本条目编写人：许竹青，中国科学技术发展战略研究院］

五、促进农民就地就近就业创业

就业是最大的民生，就业是民生之本，促进农民就地就近就业创业更是实现乡村振兴战略的必由之路。近几年，国家高度关注农民就业问题，出台了大量的促进农民就地就近就业创业的政策和举措：通过稳岗就业、创造新增就业机会、支持多渠道灵活就业不断拓展外出就业渠道；通过发展乡村产业吸纳就业、推动项目建设促进就业、支持返乡入乡创业带动就业等促进就地就近就业；通过加强就业服务、强化教育培训、维护劳动权益等手段强化平等就业服务和权益保障；通过稳定外出务工规模、拓展就地就近就业渠道等手段优先保障贫困劳动力稳岗就业；通过强化技术支持、信贷金融支持、税费减免等政策支持农民创业。

总的来看，脱贫攻坚期间，主要是通过强化就业服务、拓展就业渠道、发挥扶贫车间和劳务转移帮扶作用等手段，支持打赢脱贫攻坚战。2020 年 3 月，为了应对新冠肺炎疫情的不利影响，农业农村部办公厅 人力资源社会保障办公厅关于印发《扩大返乡留乡农民工就地就近就业规模实施方案》，要求各地促进返乡留乡农民工就地就近就业创业。2020 年 8 月，受新冠肺炎疫情、经济下行压力等多重因素叠加影响，人力资源和社会保障部等十五部门联合印发《关于做好当前农民工就业创业工作的意见》，要求系统性强化拓展就业渠道、促进就地就近就业、强化权益保护、贫困劳动力稳岗就业相关工作。2022 年，中央一号文件明确指出要促进农民就地就近就业创业，立足乡村振兴战略，为未来农民增收和就业指明了方向。可以看出，农民就地就近就业创业既是乡村振兴的抓手也是乡村振兴的方向。

农民就地就近创新创业推动乡村全面振兴

改革开放以来四十多年的城镇化和工业化进程中，农民就业创业主要流向大中城市，特别是集中流向东部沿海珠三角、长三角城市群。就地就近就业创业的占比较小，根据国家统计局《2021 年农民工监测调查报告》数据，2021 年全国农民工总量 29251 万人，其中，外出农民工 17172 万人，占比 58.7%。外出农民工中，跨省流动为 41.5%，省内流动为 58.5%。大规模的外出务工，在促进农民收入持续增长的同时，也带来一系列问题，需要通过农民就地就近创新创业去解决。

首先，需要通过促进农民就地就近创业就业实现持续增收，进而巩固脱贫成果，为乡村振兴夯实基础。由于近几年产业结构转型、经济环境变化、新冠肺炎疫情等因素叠加的影响，脱贫人口持续增收的难度较大、可持续脱贫受到挑战。一些家庭收入较低，外出务工收入占比高的群众仍然存在致贫的风险。因此，需要通过促进就地就近就业创业促进农民持续增收，夯实乡村振兴的基础。其次，需要通过促进农民就地就近就业创业促进县域经济发展，推动乡村人才振兴和产业振兴，逐步缩小城乡差距和区域差距。大量青壮年劳动力外出务工造成农村发展持续衰败和凋敝，不利于农村、县域经济持续发展，更不利于乡村振兴战略的推进实施。需要通过促进农民就地就近创业，持续繁荣县域经济，促进人才振兴、产业振兴，不断缩小城乡和区域差距，解决发展不平衡不充分的问题。最后，也需要通过促进农民就地就近就业创业吸引劳动力回流，解决农村养老难、留守儿童多等社会问题，促进农村社会持续稳定发展。

新发展阶段农村就地就近就业创业的主要短板

第一，县域经济发展促进就地就近就业创业的能力较弱。县域是城乡经济融合发展的纽带和关键节点，也是农民就地就近就业创业的关键平台。目前，农民就地就近就业创业不再围绕第一产业进行，而是更多的加入到第二产业和第三产业，这恰恰是目前我国县域经济发展的短板。总体来看，县域经济产业基础薄弱，发展质量总体较低，企业体量普遍偏小，产业链较短、附加值较低，抗风险能力弱，利益联结机制不紧密不稳固，提供就业和带动农户的作用不明显。此外，近几年还遭受到疫情、国际宏观经济形势的冲击，受到国内“双碳”目标的约束，导致县域经济发展促进就地就近就业创业的作用持续走低。

第二，基础设施和公共服务条件较差，人才储备不足，承接产业梯度转移的能力较弱。近几年，返乡农民工特别是一些返乡能人，将东部的产业带动到中西部农村地区，解决了不少当地的劳动力就业问题，就地就近创业和就业紧密地捆绑在了一起。目前存在比较普遍的问题是基础设施和公共服务条件较差，政策环境亟待优化，高端劳动力储备和经营管理人才不足，导致对高端人才的吸引力不够，承接高端产业的能力不足。近几年，之前承接产业转移的一些企业还面临销路等生存压力。

第三，对新经济新业态的支持不足，体制机制、营商环境支持新兴产业创业就业的能力较弱。互联网、新媒体、数字化等新技术、新工具推动了农村新业态和新经济的产生，乡村旅游、农村电商、交通物流、直播带货、平台经济等新业态新经济类型逐渐成为农民就地就近就业创业的重要领域。目前各地从县域层面普遍重视新经济新业态的发展，但总体来看各类支持还是远远不够，仍存在制度设计不清晰、要素制约突出、水平有待提升以及规范化不足等问题。

促进农民就地就近就业创业的路径

第一，不断提升和加强县域基础设施公共服务建设，增进民生福祉，增强县域吸引力，夯实农民就地就近就业创业的基础支撑。县域基础设施和公共服务建设，既能吸引劳动力持续回流，也能为县域经济发展夯实基础。重大工程的以工代赈和公共服务的公益性岗位还能解决一些就业问题。重点围绕教育、医疗、养老等群众关切的领域扩容改善、提标改造。不断完善医疗卫生体系，推进县级医院提标改造。扩大教育资源供给，推进义务教育学校扩容增位，完善幼儿园布局，提升师资水平和教育软实力。探索发展养老托育服务，提供基本养老和长期照护服务，支持社会力量发展托育服务。

第二，大力发展县域经济和富民产业，因地制宜培育壮大县域产业体系，持续提升县乡就业承载力。产业是就地就近就业创业的根基，需要立足资源优势、发展基础、市场状况，培育特色和优势产业。促进县域经济内循环，壮大县域产业体系，创造更多就地就近就业创业机会，不断增强产业支撑就业的能力，发展比较优势明显、辐射带动能力强、劳动力需求大、效益能够留在本地的产业。鼓励县域市场主体加强细分市场、特色市场、小众市场开发。例如河南省鹿邑县产业集聚区，建立了千亩化妆刷产业园，正常运营生产经营的约 140 家，带动全县相关产业经营主体达 1000 多家，吸纳本地就业 5 万多人。山东省曹县曾抓住了互联网时代数字下沉的机遇，大力推动演出服等产品在电商平台上销售，目前曹县拥有 17 个淘宝镇、151 个淘宝村，带动全县超 20 万人就业。

第三，系统优化提升产业平台功能，强化支持政策，加快农业农村优先发展方针加快落地。强化对县域产业支持的财政税收金融政策支持，推进县城产业配套设施提质增效，提升产业平台功能、健全商贸流通网络、完善消费基础设施，夯实县城产业基础，全方位促进、拉动、发展县域经济，持续稳定扩大县域就业岗位。例如广东省新兴县，搭建了县电子商务服务中心，中心内配备一流的电子商务软硬件设施，为新兴县商户、农村青年、回乡大中专学生、返乡农民工等人群提供的“一体化”“一站式”专业电子商务服务公共平台，目前已与 25 家企业达成入驻意向，中心内 O2O 农产品展厅展示地 50 余款电商产品。并为入驻企业提供了 20 余款包装生产和设计工作。

第四，强化支持政策，培育返乡创业能人。2022 年 4 月 10 日至 13 日习近平总书记在海南考察时指出，“推动乡村全面振兴，关键靠人。要建设一支政治过硬、本领过硬、作风过硬的乡村振兴干部队伍，吸引包括致富带头人、返乡创业大学生、退役军人等在内的各类人才在乡村振兴中建功立业”。这就要求我们要抓住返乡创业的能人这个“牛鼻子”。强化各类政策支持，发掘和培育一批能工巧匠型创业领军人才，为懂技术、懂市场的返乡能人提供创业培训、创业服务和资金支持，加大对创业担保贷款和贴息政策落实力度。例如湖北省2019年出台《关于印发湖北省返乡创业示范县、示范园、示范项目认定办法的通知》，三年来，全省认定省级返乡创业示范县30个、示范园64个、示范项目270个，投入奖补资金9390万元，培植树立了一大批返乡创业典型，在全省范围内产生了明显的激励和带动效应。河南省新蔡县通过加强实体支持、搭载创业平台、完善服务措施等手段，建设建立农民工返乡创业园，建设了50万平方米标准化厂房，仅2021年全县发放创业担保贷款3770万元，扶持自主创业243人，带动就业632人。目前，该县累计返乡下乡创业47919人，累计带动就业42万多人，其中带动脱贫家庭劳动力就业1万多人。

第五，持续推动农村创业就业创新，拓展农民就地就近就业创业新途径。习近平总书记深刻指出，创新是乡村全面振兴的重要支撑。农村创业创新是增加农民就业和收入、繁荣乡村产业的重要途径。强化政策扶持和指导服务，着力解决“用地难”和“贷款难”两大难题。继续深入推进“放管服”改革，破解制约农村创业就业创新的制度难题，切实保护创业创新的各项权益。顺势而为、补齐短板，在保护劳动者、消费者权益基础的前提下，发展壮大新就业形态。进一步优化农村创业就业创新环境，加快培育农村发展新动能，持续拓展农民就业空间和增收渠道。

第六，强化人力资本支持，强化职业技能培训，优化就业服务。不断提升本地就业农民工公共服务水平，建设城乡统一的劳动力市场和公共就业服务体系，让当地就业农民享受均等公共服务，扩大就业创业政策覆盖范围。不断提升农民就近就业质量。加大职业培训力度，加强欠薪等突出问题治理，扩大县域就业农民参加职工养老保险覆盖范围，稳步提高城乡居民养老保险待遇水平。例如安徽宣城针对返乡农民工就业问题开展专项促进活动，强化岗位信息线上线下多平台发布和跨区域共享，通过举办大篷车招聘、夜市招聘、广场招聘、直播招聘等多种形式招聘会，把岗位送到农民工面前。2022 年以来，全市共举办农民工专场招聘会 479 场，组织招聘企业 1.48 万家，提供就业岗位 30.77 万个，达成就业意向 8.53 万余人，有 1.13 万余名农民工签订劳动合同实现就地就近就业。

［本条目编写人：万君，北京师范大学中国扶贫研究院］

六、走乡村绿色发展之路

绿色发展是农业发展观的深刻变革，是农业供给侧结构性改革的主攻方向。推进农业绿色发展，是农业农村领域践行绿色发展理念的重大举措。完善农业绿色发展政策体系，推进农业绿色发展，对于推动我国实现农业农村现代化、推进乡村全面振兴具有重要的意义。

绿色发展是实现农业农村现代化的重大使命

农业绿色发展是实现农业农村现代化的重要内容，是新时代贯彻新发展理念的重要举措。改革开放后，随着经济发展和生态环境间的矛盾不断加深，“绿色”成为中国经济不可或缺的发展理念，1972 年，联合国“人类环境会议”在瑞典召开，次年 8 月，我国召开第一次全国性环境保护会议，标志着我国环境保护事业迈出关键性的一步。21 世纪以来，促进农民增收、推进低碳生产成为农业绿色发展支持政策的重要内容。十八大以来，党的十八届五中全会正式提出绿色发展理念，并将其贯穿于农业绿色发展的始终，促进农业生产方式向绿色清洁转变、农产品供给向安全高质量转变、农业经营向带动农民增收转变。农业绿色发展支持政策经历了从粮食增产到农产品质量提升再到绿色发展的转变，逐步实现了农业绿色发展经济性、安全性和可持续性的支持政策体系化整合，为全面推进中国农业绿色发展提供了政策引导、法律保障和财政支持体系。

十八大以来农业农村绿色发展的政策体系

十八大以来，我国进入了全面建设小康社会的关键期，在整体经济实力和社会文化进步的推动下，我国迎来了经济发展方式转变的新时期。在深刻总结我国发展规律基础上，习近平总书记提出将生态文明建设纳入我国“五位一体”总布局和“四个全面”战略布局，这为农业绿色发展奠定了总基调。

一是建立以绿色生态为导向的农业补贴制度。为了进一步突出农业绿色发展支持政策的绿色化特征，我国于 2016 年提出以绿色生态为导向，促进农业资源合理利用于生态环境保护的农业补贴政策体系和激励约束机制。加强财政资金在农业污染防治和推动生态农业建设的投入，提高农业补贴政策的精准性、指向性和实效性。

二是创新农业农村绿色发展机制。2017 年中央一号文件中明确提出“质量兴农”，强调绿色发展要突出一个“绿”字，通过转变农业发展导向，实施农业标准化战略、推行绿色生产方式、健全农产品质量和食品安全的监管体制等四大措施推进农业的绿色发展。2017 年开始，我国进一步创新体制机制推进农业绿色发展，从优化农业主体功能与空间布局、强化资源保护与节约利用、加强产地环境保护与治理、养护修复农业生态系统、健全创新驱动与约束激励机制等方面进行全面部署。

三是组织开展试点示范工作。2016 年，农业部联合国家发展改革委等八部门制定了《国家农业可持续发展试验示范区建设方案》，产生第一批 40 个国家农业可持续发展试验示范区；2018 年，农业农村部等 8 部门印发《国家农业可持续发展试验示范区（农业绿色发展先行区）管理办法（试行）》的通知，并产生 41 个第二批国家农业绿色发展先行区，以农业产业、资源环境、农村社会可持续为目标，以高效利用资源、治理环境问题、保护修复生态为重点，在不同类型自然生态区整体设计各产业间协调发展方案，创新一批农业可持续发展集成技术，形成一批适宜不同类型特点的农业可持续发展模式，构建一批良性运行的农业可持续发展机制，为全面推进农业可持续发展提供试验示范。

四是实施农业绿色发展五大行动。2017 年 5 月，农业部宣布启动实施“农业绿色发展五大行动”，包括启动畜禽粪污资源化利用行动、果菜茶有机肥替代化肥行动、东北地区秸秆处理行动、农膜回收行动和以长江为重点的水生生物保护行动。实施绿色发展五大行动，有利于改变传统生产方式，减少化肥等投入品的过量使用，优化农产品产地环境，有效提升产品品质，从源头上确保优质绿色农产品供给。

五是打好污染防治攻坚战。从2015年起，农业部率先打起农业面源污染防治攻坚战，加强农业面源污染治理，实现“一控两减三基本”，重点任务是大力发展节水农业、实施化肥、农药零增长行动、推进养殖污染防治、着力解决农田残膜污染、深入开展秸秆资源化利用、实施耕地重金属污染治理。

六是推进农村人居环境整治。改善农村人居环境是实施乡村振兴战略的重要内容，2018年中央一号文件明确要求，实施农村人居环境整治三年行动计划，以农村垃圾、污水治理和村容村貌提升为主攻方向，整合各种资源，强化各种举措，稳步有序推进农村人居环境突出问题治理。坚持不懈推进农村“厕所革命”，大力开展农村户用卫生厕所建设和改造，同步实施粪污治理，加快实现农村无害化卫生厕所全覆盖，努力补齐影响农民群众生活品质的短板。

农业农村绿色发展成效显著

近年来，我国农业农村绿色发展得到转型，成效显著，尤其是2021年我国农业克服世纪疫情和极端天气等重大不利因素的影响，农业绿色发展持续向好，为保障国家粮食安全、生态安全和乡村振兴提供了重要基础支撑。

一是农业资源节约水平不断提升。近年来，通过实施农业节水增效行动和灌区续建配套和节水改造，强化农业生物资源保护利用，我国逐步降低资源开发利用强度。据了解，我国 2021 年全年建成 1.0551 亿亩高标准农田，同步发展 2825 万亩高效节水灌溉，分别占年度建设目标任务的 105.5% 和 188.3%。①

二是农业产地环境保护与治理成效明显。近年来，我国不断推进化肥农药减量、农作物秸秆综合利用、畜禽粪污资源化利用、农膜减量与回收利用等工作，实现了全国化肥施用量连续五年保持负增长，2020 年为 5250.65 万吨（折纯量），比 2015 年减少 12.8%，施肥结构不断优化，减氮控磷增钾效果明显；全国农药使用量 24.8 万吨（折百量），比 2015 年减少 16.8%，绿色防控覆盖率达到 41.5%，比 2015 年提高 18.4 个百分点；全国秸秆综合利用率达到 86% 以上，畜禽粪污综合利用率达到 76%，农膜回收率稳定在 80% 以上。②

三是我国农民生活水平得到显著改善。在农业农村绿色发展实践下，我国农民收入稳定增加，城乡收入比不断缩小，村容村貌明显改善，为农民安居乐业和农村和谐稳定打下坚实基础。2021 年农村居民人均可支配收入达到 18931 元，实际增长 9.7%，高于城镇居民收入增速 2.6 个百分点。

---

① 我国 2021 年新建成高标准农田 1.06 亿亩，《中国青年报》2022 年 1 月 20 日。

② 中国农业科学院和中国农业绿色发展研究会：《中国农业绿色发展报告 2021》，中国农业出版社，2022 年。

农业农村绿色发展存在问题及政策导向建议

虽然我国农业农村绿色发展取得成效显著，同时也应看到，我国农业绿色发展不平衡不充分的问题依然突出，与党和人民要求相比还有很大提升空间，农村环境整治资金投入不足、农村地区资源环境管理体制机制不健全、部门间协调配合度有待提升、村民参与农村环保内生动力不足等一系列问题。因此提出以下几点建议。

一是建立稳定的农业绿色投入增长机制。第一，加快建立以绿色生态为导向的农业补贴制度体系。要立足构建完善的农业绿色发展补贴制度体系，提出要建立与耕地地力提升和责任落实相挂钩的耕地地力保护补贴机制，改革完善农产品价格形成机制和渔业补贴政策，完善耕地、草原、森林等生态补偿政策，创新绿色生态农业金融保险产品。第二，加快构建支持农业绿色发展的科技创新体系。建立完善科研单位、高校、企业等各类创新主体协同攻关机制，在农业投入品高效利用、废弃物资源化利用、产地环境修复等领域尽快取得一批突破性科研成果。第三，建立健全推进农业绿色发展的法律法规体系。着眼于提升农业绿色发展的制度化法制化水平，要以耕地保护、农业污染防治、农业生态保护、农业投入品管理等为重点，加快制定修订体现农业绿色发展需求的法律法规。

二是加大对农业绿色科技发展的资金和政策支持。第一，要加大对绿色农业为导向的科技研发投入，建立多元化的资金投入机制，吸引社会资本参与农业绿色科技创新。在政策上，完善并落实绿色农业激励制度，加快以绿色生态为导向的农业补贴制度改革。

第二，针对乡村振兴重点领域和薄弱环节的技术创新和发展，加大政策创设力度，一方面要不断破除农业绿色发展的技术壁垒，另一方面更要落实激励政策。第三，逐步提升农业绿色发展科技创新和推广投入力度，进一步完善各类创新主体协同机制，在农业投入品减量高效利用、废弃物资源化利用、产地环境修复等制约农业绿色发展的关键环节，增加政策、资金、土地、人才等多维度投入。

三是建立健全以绿色为导向的农业补贴制度和农村金融制度。“十四五”时期，要进一步以保障粮食等主要农产品供给安全、农民稳定增收和农业生态环境保护为目标，完善农业补贴政策。第一，绿色农业补贴要确保主要农产品供给安全，积极推动绿色农业生产能力的提升，增加绿色优质农产品供给。第二，要完善农业生态补偿机制，坚持农业绿色发展，持续开展绿色防控、有机农业示范基地建设，促进农村一二三产业的创新与融合，推进中国农业的转型升级。第三，要引导建立以绿色生态为导向的农业投融资机制，财政和金融要加大力度支持化肥农药减量、秸秆利用、地膜回收、国土绿化等环境友好行为，为农业减排和固碳持续提供激励。

四是充分发挥农民主体地位，保障农民收益。在农业农村绿色发展中，要尊重广大农民意愿，激发广大农民积极性、主动性、创造性。第一，鼓励社会资本积极参与农业农村绿色发展，确保农民在农村经济活动中的主导权，能在农业农村绿色发展、人居环境整治中获得实实在在的收益。建立多元投入机制，在千方百计筹集整合项目建设资金，强力推进人居环境整治基础上，建立多元投入机制，鼓励社会资本投资农业发展、特色镇村建设、美丽乡村提升等领域。特别是通过“一事一议”发动农民出资，避免政府大包大揽，形成“谁受益、谁出资”的良好氛围。强化村委会在农业农村生态环境保护工作中协助推进农业面源污染防治和农村环境整治的责任，充分发挥党员的示范效应和乡贤、能人的带头作用，发挥环保工作者和志愿者的引领带动作用，激发村民内生动力。

［本条目编写人：冯丹萌，农业农村部农村经济研究中心］

第四章　扎实稳妥推进乡村建设行动

【导读】

实施乡村建设行动是推进乡村振兴的重要任务，也是国家现代化建设的重要内容。党的十九届五中全会首次提出“实施乡村建设行动”作为全面推进乡村振兴的重要路径举措。2022 年中央一号文件进一步提出“扎实稳妥推进乡村建设”。2022 年 5 月，中共中央办公厅、国务院办公厅印发《乡村建设行动实施方案》，进一步明确了乡村建设的总体要求、重点任务、推进机制、政策支持和要素保障、组织领导。本章聚焦乡村建设，分 5 个条目，主要介绍了乡村建设行动的顶层设计与推进步骤、传统村落保护利用、农村人居环境整治、数字乡村建设、基础设施和公共事业县乡村统筹发展等进展和走向。

2020 年 10 月，党的十九届五中全会首次提出“实施乡村建设行动”，把乡村建设作为“十四五”时期全面推进乡村振兴的重点任务。2021 年年初，《中华人民共和国国民经济和社会发展第十四个五年规划和 2035 年远景目标纲要》明确提出“实施乡村建设行动”，强调“把乡村建设摆在社会主义现代化建设的重要位置，优化生产生活生态空间，持续改善村容村貌和人居环境，建设美丽宜居乡村”[①]。2022年，《中共中央 国务院关于做好2022年全面推进乡村振兴重点工作的意见》进一步提出“扎实稳妥推进乡村建设”，并提出健全乡村建设实施机制、接续实施农村人居环境整治提升五年行动、扎实开展重点领域农村基础设施建设、大力推进数字乡村建设以及加强基本公共服务县域统筹等内容[②]。因此，如何确保乡村建设行动有序推进、提档升级是过渡时期乃至其后所面临的重要问题，这需要准确把握全面推进乡村振兴新阶段乡村建设行动的发力点，进一步强化规划引领，坚持以人为本、因地制宜、分类推进乡村建设特别是加强传统村落保护，继续深入开展农村人居环境整治、基础设施和公共服务建设，推进数字乡村建设，提升乡村发展的现代化水平。

一、乡村建设要做到先规划后建设

坚持因地制宜、循序渐进是实施乡村振兴战略的基本原则之一。乡村建设，规划先行。乡村规划是乡村地区进行各类开发建设的法定依据，乡村建设的实施离不开规划。

---

① 《中华人民共和国国民经济和社会发展第十四个五年规划和2035年远景目标纲要》，2021年3月13日，新华网。

② 《中共中央 国务院关于做好2022年全面推进乡村振兴重点工作的意见》（2022年1月4日），见中华人民共和国中央人民政府网，2022年2月22日。

加强乡村建设规划的重要意义

做好乡村规划是实施乡村建设行动的第一步。一个立足村庄基础、有针对性、简洁实用的乡村规划能够起到科学的引领和指导作用，为实施乡村建设行动提供必要的支持。

首先，乡村规划有助于摸清乡村资源底数。“百里不同风，十里不同俗”。我国国土面积辽阔，乡村数量巨大，不同地区自然生态环境、生产生活方式和人文风情差异较大，加上地区间经济社会发展水平的不均衡，形成了千姿百态的村庄形态和乡村风貌。这些乡村不仅具有“看得见”的多样化自然和生态资源，也具有历史、文化、社会等更多“看不见”的资源。只有通过精细化的调研和乡村规划，才能准确摸清不同乡村的独特资源和价值。

其次，乡村规划有助于精准管控、用好乡村各项资源。一方面，农村土地情况复杂，具有各项功能用地和存量建设指标，需要精细管控、科学指引。另一方面，不同地区乡村既有的基础设施建设情况和公共服务水平也存在不均衡性，这些都需要在提前规划工作中予以调查和明确。虽然我们国家有各个层级的发展规划，但只有具体细化到乡村、村庄的规划，才能真正精细管理和用好农村各项资源。

再次，乡村规划有助于规范乡村建设行动。规划工作影响着乡村建设行动的节奏，要推进和落实乡村建设目标，首先就需要因地制宜制定乡村各项规划，实施阶段性的发展任务。只有通过规划，才能深入了解村庄的独特价值，把握村庄存在的问题、农民的需求，才能在后续建设过程中做到精准高效，避免盲目拆建、重复建设和资源浪费。

加强乡村建设规划的政策要求和地方实践

国家提出实施乡村振兴战略以来，在推进人居环境整治、乡村建设行动工作中始终强调坚持因地制宜、循序渐进的基本原则，并要求突出乡土特色、地域特征和民族特点，形成了相应的政策和要求。

2018年9月，中共中央、国务院印发《乡村振兴战略规划（2018—2022年）》，针对改善农村人居生活环境工作提出“科学规划村庄建筑布局，大力提升农房设计水平，突出乡土特色和地域民族特点”以及“全面完成县域乡村建设规划编制或修编，推进实用性村庄规划编制实施，加强乡村建设规划许可管理”[①]等要求。2021年，《国务院关于印发“十四五”推进农业农村现代化规划的通知》提出，要“科学合理规划农村生产生活的空间布局和设施建设”“保留民族特点、地域特征、乡土特色”。[②]2022年，中央一号文件专门提出健全乡村建设实施机制，其中就包括“统筹城镇和村庄布局，科学确定村庄分类，加快推进有条件有需求的村庄编制村

---

① 中共中央、国务院印发《乡村振兴战略规划（2018—2022年）》（2018年9月26日）。

② 《国务院关于印发“十四五”推进农业农村现代化规划的通知》（国发〔2021〕25号）。

庄规划，严格规范村庄撤并”[①]等内容。

与此同时，习近平总书记在多个重要场合就推进乡村振兴战略、实施乡村建设行动发表重要论述和讲话，不断强调加强规划引领的重要意义，对推进规划制定工作提出相应的指示和要求。2018年9月21日，习近平总书记在《在十九届中央政治局第八次集体学习时的讲话》中指出，“编制村庄规划不能简单照搬城镇规划，更不能搞一个模子套到底。要科学把握乡村的差异性，因村制宜，精准施策，打造各具特色的现代版‘富春山居图’”[②]。2019年3月8日，习近平总书记在参加十三届全国人大二次会议河南代表团审议时时强调，“要补齐农村基础设施这个短板。按照先规划后建设的原则，通盘考虑土地利用、产业发展、居民点布局、人居环境整治、生态保护和历史文化传承，编制多规合一的实用性村庄规划”等等。[③]

国家部署乡村建设行动后，伴随乡村振兴制度框架和政策体系初步健全，我国31个省区市自2021年开始全面启动乡村建设行动，各省区市普遍把规划编制摆在乡村建设行动首位，围绕“为谁编、谁组织、谁来编”等具体工作开展探索和实践，乡村建设行动规划和实施工作取得了阶段性成效。

① 《中共中央 国务院关于做好2022年全面推进乡村振兴重点工作的意见》（2022年1月4日）。

② 中共中央党史和文献研究院编：《习近平关于“三农”工作论述摘编》，中央文献出版社2019年版，第24页。

③ 中共中央党史和文献研究院编：《习近平关于“三农”工作论述摘编》，中央文献出版社2019年版，第46页。

一方面，各省坚决落实中央有关“有条件、有需求的村庄尽快实现规划全覆盖”的要求，结合实际明确规划编制的范围。如安徽省“十四五”美丽乡村建设规划要求把握乡村演变规律，逐步规划引导自然村庄人口向中心村集聚，按照集聚提升类、特色保护类、城郊融合类、搬迁撤并类、其他类将村庄分类细化到自然村进行规划建设；浙江省在村庄规划编制技术要点中提出全省行政村分为集聚建设、整治提升、城郊融合、特色保护、搬迁撤并五种类型，并提出可根据实际需要进行村庄分类。另一方面，部分省市对规划编制的责任主体和具体人员等提出要求，明确了“谁来组织和具体实施编制规划”。如河北、河南以乡镇作为乡村规划编制责任主体，湖南要求县乡级政府统筹推进乡村规划编制与实施，安徽提出建立县级主要领导负责的乡村规划编制委员会，云南、湖南要求加强乡村规划管理队伍建设，黑龙江、河南等地提出支持规划师、建筑师、工程师等下乡服务乡村，福建提出支持台湾乡建乡创团队参与美丽乡村建设等等。[①]

乡村建设规划中的常见误区

现代意义上的乡村规划设计产生于改革开放以后，规划的主题和内容经历了从农村住房建设规划到村庄集镇规划再到乡村建设规划的不断转变。然而长期以来，由于国内有关乡村规划的理论基础匮乏、从事乡村规划的人才和经费投入不足、地方政府重视不够等

① 潘彪、黄征学、赵一夫:《推进乡村建设行动要解好四大问题》,《中国经贸导刊》2022 年第 3 期。

因素，一些地区制定乡村规划往往简单照搬城市，缺乏对村庄以及农民真实需求的深入调查，造成规划内容空洞、实用性不足。乡村建设行动实施以来，一些地方立足实际，科学制定规划，推动基础设施建设、公共服务、环境整治等工作，为全面推进乡村振兴战略积累了经验，但也存在一些误区，迫切需要从理论和实践层面审视乡村规划问题。

一是乡村建设规划多“统一”少“多样”，缺乏地方特色。乡村建设是一项综合性任务，涉及规划设计、基础设施、公共服务、城乡融合等多个领域，涵盖范围广、涉及部门多，在实际工作中各方面协调难度较大，导致一些地区在规划过程中采取一刀切方式，未能坚持好因地制宜、分村编制原则，盲目照搬照抄，这样编制的村庄规划大同小异，缺乏地方特色，也难以满足村庄和村民实际需求。

二是乡村建设规划重“面子”轻“里子”，偏离村庄实际。乡村规划过程中，一些地区没有处理好顶层设计与基层探索、长期目标与短期目标的关系，过于追求宏大目标而忽视村庄发展的实际需求和独特定位，忽视地方经济社会发展水平，编制形成的乡村规划华而不实，“面子”大于“里子”，“硬件”强于“软件”，“人工”多于“天然”，一定阶段上缺乏可操作性，进而影响到乡村建设行动的实际进程。

三是乡村建设规划“政府干”“群众看”，忽视农民参与。乡村是农民生产生活的空间，大到产业发展、村容村貌改造，小到房前种什么树、地下铺什么管，农民应该最有发言权。但在规划编制过程中，一些地区采取政府主导方式，或盲目迷信专家权威，忽视群众声音，不能有效听取农民意见，在规划编制实施过程中较少让农民参与和决策，形成了脱离群众色彩的编制规划，不仅难以反映村民群众的真实需求，也不利于后续的规划实施工作。

乡村建设规划的重要原则

坚持规划先行，对于有序推进乡村建设、补齐发展短板、优化乡村生产生活生态空间具有重要意义。与此同时，更要注重乡村建设规划编制的内容和特点，规避出现上述偏差和误区，更好地发挥规划在乡村建设中的科学指引作用。

一是遵循因地制宜理念，突出地域特色。广袤乡村，千姿百态。编制规划要以人口变动、发展趋势等为依据，科学进行村庄分类，突出地域特色、因地制宜，有针对性地推进规划编制和实施。同时立足乡村现有基础，防止一刀切推倒重建，或简单套用城镇规划设计理念和技术方法，脱离村庄发展实际和地方特点。

二是提升编制工作精细化水平，突出规划系统性与实用性。规划编制工作是一项系统性工程，既需要组织相关职能部门共同参与，也需要深入挖掘编制人才队伍，着力提高乡村规划编制工作的质量和水平。据了解，广西、四川等地通过推行规划师下乡、驻村、挂点等多种服务方式，深入走访调研，助力乡村建设规划工作，这些经验值得借鉴。

三是激发农民参与积极性，提升规划有效性。农民是乡村建设的主体，也是乡村建设的受益者。规划编制过程中有必要组建一个政府、设计团队、农民共同参与的工作小组，确保群众充分参与乡村建设规划工作，激发村庄的内在优势和内生动力，从而形成可行性强的规划方案，满足群众的各项实际需求。

［本条目编写人：刘欣，北京市社会科学院社会学所］

二、乡村建设要注重保护传统村落

党的十八大以来，国家高度重视传统村落保护发展工作。特别是在推进实施乡村振兴战略过程中，不断强调注重传统村落保护，提出划定乡村建设的历史文化保护线，保护好文物古迹、传统村落、民族村寨、传统建筑、农业遗迹、灌溉工程遗产，传承传统建筑文化，使历史记忆、地域特色、民族特点融入乡村建设与维护，同时探索古村落古民居利用新途径，促进传统村落的保护和振兴。

传统村落在乡村建设中的独特价值和意义

传统村落是中国农耕文明留下的重要遗产，蕴藏着丰富的历史信息和文化景观，被称为乡村历史文化的“活化石”、民间文化生态的“博物馆”。其所蕴含的建筑风格、古址遗存、传统技艺、古树名木等千姿百态，不仅是区域文化的缩影和审美文化的体现，更是中华民族传统文化承载和体现。

一方面，传统村落是彰显和传承中华优秀传统文化和历史信息的重要载体。传统村落在建筑风格、结构形态上保留了农业乡土文明的印记，传承了中国古代道法自然、天人合一的文化理念，是民族自信和文化自信的重要载体。特别是我国幅员辽阔，地域差异明显，这些位于不同地区的传统村落，分布广、个性鲜明，也承载着丰富的自然地理和人文历史信息，展示了我国民族文化多样性的独特魅力。同时，传统村落及其承载的独特物质和非物质文化遗产，也为研究各个时期不同地区社会、经济、文化发展水平以及变化过程提供了重要资料。

另一方面，传统村落成为发展现代乡村旅游产业的独特资源和景观。传统村落拥有丰富的自然与文化资源，成为现代社会发展乡村旅游、文化创意产业的独特景观和资源。将传统村落保护与乡村旅游开发、人居环境提升、传统文化传承等工作相结合，高度契合了乡村振兴战略提出的“产业兴旺、生态宜居、乡风文明、治理有效、生活富裕”总要求。因此，依托传统村落的独特价值发展乡村旅游、文化创意等产业，成为乡村地区产业振兴的重要抓手。

传统村落保护的政策和实践探索

近年来，我国通过中央财政补助和引入社会资本，有力支持了传统村落基础设施的完善以及农村人居环境整治，并通过发展乡村旅游、文化创意产业等形式，让传统村落焕发出新的生机。乡村振兴战略实施以来，国家在相关政策文件中也不断强调对传统村落的保护和利用。

2021 年 4 月出台的《中华人民共和国乡村振兴促进法》，强调“加强对历史文化名镇名村、传统村落和乡村风貌、少数民族特色村寨的保护”[①]，以法律条款形式明确了传统村落的重要性。同年12月，中共中央办公厅、国务院办公厅印发《农村人居环境整治提升五年行动方案（2021—2025年）》，提出“弘扬优秀农耕文化，加强传统村落和历史文化名村名镇保护，积极推进传统村落挂牌保护，建立动态管理机制”等内容[②]。2022年1月，《中共中央 国务院关于做好2022年全面推进乡村振兴重点工作的意见》也在乡村建设行动中就传统村落保护利用工作提出具体意见，要求“开展传统村落集中连片保护利用示范，健全传统村落监测评估、警示退出、撤并事前审查等机制”[③]。这些政策文件凸显了传统村落保护工作在乡村振兴特别是乡村建设过程中的重要意义和地位，也逐步将传统村落保护工作由倡导推进细化到示范建设、监测评估、退出等具体事宜，为新阶段统筹保护利用传统村落和自然山水、历史文化、田园风光等资源，发展乡村旅游、文化创意等产业等奠定了基础。

在国家有关乡村振兴及传统村落保护利用相关政策指导下，各地结合传统村落实际，加强传承保护，有效挖掘传统村落的文化、民俗和旅游等多重资源，激发传统村落保护的内生动力，形成了一批具有地方特色的保护实践和经验模式。乡村振兴战略实施以来，山东威海开始实行“挂牌保护”政策，建立“特色传统村落记忆

① 《中华人民共和国乡村振兴促进法》（2021年4月29日第十三届全国人民代表大会常务委员会第二十八次会议通过）。

② 中共中央办公厅 国务院办公厅印发《农村人居环境整治提升五年行动方案（2021—2025年）》（2021年12月5日）。

③ 《中共中央 国务院关于做好2022年全面推进乡村振兴重点工作的意见》（2022年1月4日）。

档案”，同时设置专项资金，建立专业人才引入机制，从物力、人力、智力方面为传统村落的保护和利用提供全方位支持。安徽黄山坚持清单管理，实施“百村千幢”古村落古民居保护利用工程和徽州古建筑保护利用工程，通过抢救性保护、整体性保护、生产性保护、数字化保护等多种方式，统筹推进物质文化遗产与非物质文化遗产保护。同时，推动传统村落保护与利用方式创新，发展休闲度假、旅游观光、养生养老、农耕体验、农业创意、乡村手工艺等产业，深度盘活传统村落资源，实现了“在保护中利用，在利用中保护”。贵州从江注重激发村民在传统村落保护中的主体性、参与性，通过召开动员会形式广泛宣传讲解传统村落保护法律法规，成立专项行动小组下村入户进行摸底排查。通过开展传统村落建筑“蓝帽子”整治专项行动，有效提升了传统村落风貌。

传统村落保护工作面临的问题挑战

随着我国传统村落保护工作逐步推进，传统村落传承保护取得了很大成效，一大批传统村落作为重要的历史和文化旅游资源得到了有效保护，推动我国形成了世界上规模最大、内容和价值最丰富、保护最完整、活态传承的农耕文明遗产保护群。但与此同时，由于地方保护意识淡薄、规划和投入不足、专业技术人才缺乏等原因，传统村落保护工作仍然面临较多问题和挑战。

一是部分传统村落未得到相应保护。虽然国家不断强调传统村落保护的重要意义和紧迫性，并出台了相关规范性文件，但由于缺乏法律的强制性约束，与传统村落保护配套的产权、奖惩、土地等保护制度也处于缺位状态，地方对于传统村落的保护意识仍比较淡薄。且由于城市化进程推进，农村经济社会发展以及“农民上楼”产生的迅速拆旧盖新和农村“空心化”实际上都以不同方式加剧了传统村落的消亡。一些处于闭塞深山、交通地理位置不便的传统村庄虽然保存下来，但由于保护意识淡薄和资金投入困境，也没有得到应有的重视和保护。

二是部分传统村落保护工作效果差。一些传统村落的保护发展规划过于宏观、粗放，缺乏对村庄发展实际的系统性把握，甚至一些传统村落尚未形成相应的规划方案，难以形成对村落文化保护利用的具体指引，造成建设保护不当甚至破坏现象。而保护资金投入不足、保护主体不明以及专业人才的匮乏又进一步造成传统村落保护工作的低效率和不可持续。此外，虽然一批传统村落得到旅游开发建设，但大多还未形成旅游产业链，餐饮、住宿、停车等相应配套设施不健全，传统村落建设活力不足。

加强传统村落保护的对策建议

传统村落的传承保护和利用工作在新时代产生了新的意义和内涵。一方面要解决传统村落原住民日益增长的美好生活需要和不平衡不充分的发展之间的矛盾，另一方面要体现广大乡村人民群众对建设社会主义新时代、建设美丽家园的美好追求。[①]这就要求在乡村建设规划过程中系统考虑传统村落的保护和利用，推进以人为本

---

① 吴军、姚小苏、李鹏波等:《浅析旅游开发中我国古村落保护与发展策略》,《天津城建大学学报》2018 年第 6 期。

的乡村建设行动，加大对传统村落保护的政策集成和资金支持，创新传统村落保护形式，实现静态保护向活态传承转变。

第一，科学制定传统村落保护规划。科学制定规划是保护传统村落以及建立相应管理机制的重要依据。坚持乡村建设规划先行，尤其要将传统村落的保护利用融入规划当中。既要结合传统村落实际制定科学、完整、可行的保护与发展规划，又要注重传统村落保护利用与乡村建设整体的协调性、融合性，做到因地制宜、整体协调、突出特色。同时坚持以人为本理念，满足村民对美好现代生活的需求。

第二，加大传统村落保护的政策和资金投入。结合乡村建设以及传统村落保护专项行动，加大对传统村落保护的政策和资金投入，坚持能保即保、应保尽保原则，将一批亟待拯救保护的传统村落尽快纳入计划。同时防止乡村建设中的大拆大建和破坏性开发建设，使传统村落在乡村建设中重新焕发活力。借鉴部分地区引入社会资本参与传统村落保护的实践经验，引导村集体和村民以资金、土地、林地、房屋入股，参与乡村旅游的经营和管理，探索建立多元主体参与、共建共享的传统村落保护新格局。

第三，促进传统村落静态保护向动态传承转变。乡村建设背景下的传统村落保护，不仅能够实现历史文化资源和生态环境的有效保护，也能够持续改善农村人居环境，推进乡村产业发展以及农民收入提升，带动传统村落的发展复兴。因此，应合理挖掘利用传统村落的多重资源与价值，形成保护与利用的良性循环。同时积极引导企业和社会力量参与，挖掘传统村落资源价值，发展乡村旅游、康养度假、非遗文创等特色产业，实现传统村落静态保护向活态传承转变。

［本条目编写人：刘欣，北京市社会科学院社会学所］

三、深入开展农村人居环境整治

改善农村人居环境，是实施乡村振兴战略的重点任务，也深度契合了农民群众对美好生活的殷切期盼。习近平总书记多次强调，“农村环境整治这个事，不管是发达地区还是欠发达地区都要搞，但标准可以有高有低。要结合实施农村人居环境整治三年行动计划和乡村振兴战略，进一步推广浙江好的经验做法，因地制宜、精准施策，不搞‘政绩工程’‘形象工程’，一件事情接着一件事情办，一年接着一年干，建设好生态宜居的美丽乡村，让广大农民在乡村振兴中有更多获得感、幸福感”①。纵观中国乡村建设的发展历程，农村人居环境整治作为乡村发展的实践起点，不仅能够有效改善农村的自然环境，也带来了乡村价值情感、乡村知识的再生产。

深入开展农村人居环境整治的重要意义

农村人居环境承载的意义不仅限于乡村的生态环境，也是农民赖以生存和生产生活的活动空间，同时搭载了村庄共同体维系的文化意义，是基层治理的场域。从城乡发展角度来看，农村人居环境整治是推进城乡融合的重要内容。以乡村建设为抓手，深入开展

---

① 习近平:《建设好生态宜居的美丽乡村 让广大农民有更多获得感幸福感》,《人民日报》2018 年 4 月 24 日。

农村人居环境整治，旨在改善农村面貌，缩小城乡发展差距。从以人为中心的角度来看，农村人居环境整治是增进农民福祉的重要途径。作为乡村建设的重要内容，农村人居环境整治不仅涉及村庄自然环境层面的卫生问题，同时体现了农民发展方式的重新选择，通过给农民一个干净整洁的生活环境，潜移默化改变农民的生活和生产方式，使其重新评估环境的价值，增进其生活的幸福感和获得感。从乡村发展实践来看，农村人居环境整治是全面推进乡村振兴的重要任务。新时期全面推进的乡村振兴战略提出“生态宜居”，将改善农村人居环境，建设美丽宜居乡村，作为实施乡村振兴战略的一项重要任务和要求。通过继续完善农村公共基础设施，改善农村人居环境，重点做好垃圾污水治理、厕所革命、村容村貌提升，把乡村建设得更加美丽，真正实现乡村振兴了、环境变好了、乡村生活也越来越好了。

深入开展农村人居环境整治的政策脉络

从政策实践的脉络来看，如何缓解农村人居环境和快速城市化经济发展之间的现实冲突，一直是党和国家政策关注的重要问题。追溯乡村发展变迁实践，在新中国成立之初，为恢复遭遇多年战争破坏的国民经济，中国政府将发展的重点放在恢复和发展重工业上，忽略了农村人居环境的改善。尤其是伴随改革开放进程不断加快，工业化、城市化快速发展，农村人居环境一度被作为“客体”承载着发展代价，自然环境的破坏和生活环境的污染相当严重。新千年以来，国家连续发布了国家环境保护的“十五”规划到“十三五”规划，将改善农村环境质量当作一项重要的任务推进。2005 年，党的十六届五中全会提出，要按照“生产发展、生活富裕、乡风文明、村容整洁、管理民主”的要求，扎实推进社会主义新农村建设。此后，国家政府通过一系列部署和措施，积极回应农村生态环境问题。尤其党的十八大以来，习近平总书记指出“要以实施乡村建设行动为抓手，改善农村人居环境，建设宜居宜业美丽乡村”。中国政府将农村人居环境整治广泛纳入国家战略和政策体系中，2014—2022 年连续九年的中央一号文件也均提出要开展农村人居环境整治，并且辅之以配套的政策措施。此外中国政府还专门针对农村人居环境整治工作出台了相应的文件，为深入开展农村人居环境整治工作作出了全面且详细的部署和指导。从国家关于农村人居环境整治的政策历程来看，农村人居环境整治经历了注重生存性环境改造到经济意义上强调为了发展进行环境改造，再到建设和服务乡村角度强调农村人居环境治理的过程，突出了人居环境中“以人为中心”的乡村发展理念，也蕴含了国家治理理念的变迁。

深入开展农村人居环境整治的实践创新

为推进农村人居环境整治工作落实落地，各地不断探索属于适合本地发展的实践路径，从农村实际出发，从生活垃圾、污水处理、厕所革命、村容村貌提升等方面入手，以创造良好的农村人居环境。首先，坚持农村人居环境整治中的农民主体地位。随着乡村发展和农民主体意识不断觉醒，农民在乡村建设中的角色由被动接受者逐步转变为主动参与者。在农村人居环境整治的实践中，坚持农民应该干的要尽量交给农民干，鼓励农民参与村庄规划与布局，同时让农民参与到基础设施、人居环境的管理和养护等工作中，引导农民真正参与建设属于农民自己的村庄，并在村庄建设和发展中受益。其次，从城乡融合的角度来推进农村人居环境整治。一方面，将农村人居环境整治纳入城乡发展内容中，旨在提高城乡居民生活的幸福感、获得感和安全感。另一方面，在农村人居环境整治中对村庄进行分类指导和建设，综合考虑村庄的区位条件、资源禀赋等，把握村庄的特征和发展需要，寻求适合不同村庄人居环境整治的路径和方法。最后，重在构建日常管护的常态化机制。主要体现在农村人居环境的管护工作上，明确落实管护主体与责任的同时，引导广大农民积极投身于乡村规划、建设和维护。村庄通过制定村规民约和相关制度，形成了一套“自己动手、自筹资金、自我管理、自我服务、自我监督”的机制，让村民自己参与到人居环境整治中去。

深入开展农村人居环境整治的推进难题

在国家有关部署的指导下，农村人居环境整治在具体实践中不断创新，使之成为乡村发展的突破口甚至是“亮点”。但与此同时，仍然存在一些难题急需破解。其一，农民的公共意识不强，参与度不高。受传统生活方式、文化程度、生活习惯等因素制约，农民缺乏环保意识，无法正确评估农村人居环境的价值，认为人居环境整治工作“是政府的事”，由此陷入“政府强推动、农民弱参与”的困境。其二，农村人居环境整治支付压力大。农村人居环境整治是一项民生工程，需要大量的资金投入，且管护费用较高。虽然近年来相关投入资金额度有所增长，但整体来看，农村人居环境整治的资金来源渠道单一，村集体经济实力薄弱，较大的支付压力下，村民的环境治理缴费支付意愿也不强，导致农村人居环境整治工作开展受限。其三，缺乏日常管护的长效机制。长期以来，包括农村生态环境治理设施在内的乡村基础设施建设中，“重建设、轻管护”问题一直都存在着，始终没有得到有效改善，导致基础设施不能有效运转。由于后续管护不及时，不仅影响了村容村貌的整体美观，影响当地居民正常生活，也增加了管理和维护的成本，造成了资源浪费。

深入开展农村人居环境整治的改善策略

农村人居环境整治作为一个整体性、系统性、长期性的乡村建设工程，不仅需要解决“人”和“钱”等具体问题，更需要建立一种长效机制。具体而言，在“人”的问题上，重在激发农户参与农村人居环境整治的公共精神。通过开展环境保护、垃圾分类等宣传教育，提高农民的卫生意识和公共精神，促进农民参与人居环境整治的自觉性。一方面通过示范带动、宣传先进典型等正向激励等方式，以身边人讲身边事，带动农民转变观念、改变习惯。另一方面发挥村规民约的约束管理作用，对农民参与农村人居环境整治的行为进行管理和监督。此外，通过常态化开展美丽家庭、环境卫生积分制等评比活动，进行适当的奖惩活动，引导农民自觉养成良好的生活习惯。在“钱”的问题上，重在拓宽资金筹措渠道，激发农户为人居环境付费的意识。完善中央和地方有关农村人居环境整治的专项资金支持的同时，积极开辟多渠道资金投入，探索政府主导、集体补充、村民参与、社会支持的资金投入机制，保证农村人居环境整治工作的资金需求。此外，根据实际情况建立农户合理付费、村级组织统筹、政府适当补助的运行管护经费保障制度，合理确定农户付费分担比例。在健全系统化、规范化、常态化的长效管护机制上，一方面需要构建“政府—市场—乡村—农民”多方主体共建共管的治理格局，在全社会形成共同参与农村人居环境整治的合力。另一方面，在具体工作机制的构建上，建立健全农村人居环境整治的监督与奖惩机制和评估机制，对农村人居环境整治的效果、村民满意度以及问题进行全面科学评估，真正做到问需于民、服务于民。

［本条目编写人：冯瑞英，中国农业大学人文与发展学院］

四、大力推动数字乡村建设

数字乡村建设是伴随网络化、信息化和数字化在农业农村经济社会发展中的应用，以及农民现代信息技能提高而内生的农业农村现代化发展和转型进程，既是乡村振兴的战略方向，也是建设数字中国的重要内容[①]。目前，数字乡村建设正以一种工程化的态势席卷中国乡村，赋能乡村发展，推动城乡融合。

① 中共中央办公厅、国务院办公厅：《数字乡村发展战略纲要》，2019 年 5 月 14 日。

数字乡村建设是谋求高质量发展的有效路径

当前，我国全面开启建设社会主义现代化国家的新征程，谋求高质量发展是“十四五”时期经济社会发展的关键主题，加快推动乡村高质量发展、促进乡村建设跟上社会主义现代化国家建设步伐至关重要。数字乡村通过推动乡村新型基础设施建设，建立城乡资源要素线上线下融合的新机制，创新性地解决人才、技术、市场、信息数据等要素城乡流动不畅的难题，推动乡村深度接入数字经济、全面融入数字时代。可以说，数字乡村建设是推动农业生产数字化、乡村产业数字化和乡村治理数字化的有效路径，也是促进农村商品双向流通、建设全国统一大市场、打破城乡二元经济结构的关键路径。

首先，农业生产降本、提质、增效需充分发挥数字技术赋能作用。发展数字农业是数字乡村建设的重要内容。为了确保粮食安全，我国强调“藏粮于技”也强调“农业走出去”“产需进口平衡”，但受“逆全球化”思潮和此次疫情影响，未来不确定性增强。面向未来，我国必须大幅提升农业生产力，特别是全要素生产率。当前我国农业全要素生产率不高，且生产增长主要依靠技术进步而不是技术效率的改善，这意味着当前农业技术投入与产出因素之间的最佳配置状态没有达到，对农业技术的最优化利用仍未实现。突破单要素思维，最优化要素利用，实现生产力跃升，推动农业生产力大幅提升，就需要推动新一代信息技术与农业科学、生物技术的跨学科融合，大力发展数字农业，大幅提升农业生产力。数字技术与农业基础学科有机结合和综合集成，有助于实现生产全过程精准控制、监测、预测和建议，不仅降低粮食生产成本、提高农业资源利用率，而且有效弥补务农人口老龄化、兼业化带来的农业生产损失和效率下降，有效提高农业技术效率。

其次，乡村产业振兴需大力推动产业数字化和数字产业化。数字乡村建设对乡村产业振兴的重要赋能路径之一是通过促进数字新要素与传统生产要素的有机结合，优化传统的资源配置模式，打破以往产业间的边界，进而实现农业产业链的延伸和价值链的跃升，让农民尽可能在本地参与二三产业增值收益。从长远来看，切实提升乡村产业的数字化水平。乡村产业结构单一、新产业新业态培育生长缓慢，是目前国内乡村产业发展面临的共同性难题。因此，如何找准培育新经济的工作突破口和推进机制很重要。因地制宜引入数字产业化项目有助于推动乡村产业数字化转型，也有助于带动乡村数字化产业“从无到有、从有到优”的快速发展，让更多传统村庄通过现代数字技术的连接优势，找到融入全国甚至全球产业分工的新机会，拓宽乡村产业结构类型，为农民提供了不再单纯依赖于农业的新就业空间，丰富和创新了农民的生计发展模式，推动实现乡村振兴。

最后，推动乡村治理与公共服务高质量发展需要充分利用数字技术破解实践难题。数字乡村建设是乡村治理和公共服务高质量发展的助推器。乡村治理涉及面广、事多、量大，基层管理压力大、效率低。传统基层治理面临村民参与治理程度低、决策有失科学性、治理忽略时效性等挑战。截至 2021 年 12 月，我国农村网民规模达 2.84 亿，农村地区互联网普及率为 57.6%，乡村治理数字化基本条件具备。当前不少地方将乡村治理数字化作为数字乡村的重要突破口率先启动建设工程，通过信息化手段感知农村社会态势、畅通沟通渠道、辅助科学决策，加强农村资产、资源、生态、治安等领域的精准管理，推动信息化与乡村治理体系深度融合，实现乡村治理精准化，取得了良好成效。与此同时，数字乡村建设在推动乡村公共服务高质量发展方面潜力巨大。我国城乡基本公共服务差距大，难以弥合。特别是在乡村基础教育、医疗卫生等方面，存在资金、人才等多项缺口，城乡差距显著。而教育医疗等公共服务是人力资本积累和经济发展的基础，从长远看是城乡融合和乡村发展的决定性因素。数字技术与乡村公共服务有效融合，通过在线课堂、在线诊疗系统的建立，为破解乡村公共服务难题提供了新方案。在数字乡村建设中大力推动公共服务领域的创新，为农民提供高质量的教育医疗等服务意义重大。

数字乡村建设所面临的问题与挑战

从各地数字乡村建设实践看，数字乡村发展战略落地实施存在创新水平不够、农业农村大数据统筹利用不足、基础设施薄弱、区域差异明显等问题，在推动乡村产业数字化、公共服务数字化及乡村治理数字化等方面还存在短板，不利于数字技术扩散、渗透和惠民效应的发挥，不利于乡村振兴战略和数字中国战略的有效实施。

一是数字乡村基础设备和技术创新不够。从创新角度看数字乡村，尽管我国农业农村大数据收集与利用、数字农业建模、农业传感器技术研发等工作已取得了突破性进展，但在具体应用中，还存在农业生产环节智能装备研发滞后，农业专用传感器缺乏，农业农村大数据创新性应用不足，农村公共服务数字化创新不够，乡村基础设施数字化转型技术支撑不足，农业机器人、智能农机适应性较差等问题。数字乡村基础设备及信息系统建设求大求全，“面向需求、简便实用、质量过硬”的数字乡村基础设备的研发创新不够，增加了数字乡村建设成本和推广难度。

二是农业农村大数据统筹利用不足。农业农村大数据的收集、共享及分析是数字乡村建设的基础，各地数字乡村建设实践中都高度重视农业农村大数据的收集工作，充分利用卫星遥感数据、政府部门数据、人工调查数据等完善乡村发展的大数据系统。但是，目前从中央到县各级政府的农业基础大数据收集、共享和管理均缺乏系统性和科学性，导致数据基础较差、服务落后、应用范围窄。在调研中发现，部分地区农业农村大数据主要采用人工方式进行采集，工作量大、数据可持续性不强、数据更新难度大。

三是数字乡村建设资金、人才等资源缺乏。数字乡村建设是一项长期工程，需要长期资金投入，也需要大量人才支撑。一方面，我国乡村地理环境相对复杂，山地、丘陵较多，乡村地区数字化转型发展的基础也相对落后，数字乡村建设需要大量资金支持，但目前缺口较大。出于对农村投资回报周期长、回报率低的现实情况考虑，民间资本大多出于观望状态。另一方面，数字乡村建设乡土人才支撑较弱。中青年劳动力流失严重，新型农业经营主体发育不够充分，造成农村社会空心化、老龄化。农村留守老人一般观念比较落后，学习和使用新技术能力较弱，在一定程度上阻碍了数字化技术在农村的应用。

大力推进数字乡村建设需要把握三个重点

党的十八大以来，党中央对数字乡村建设高度重视，做出了一系列战略决策，数字乡村建设的政策体系不断完善。随着数字乡村建设相关文件的陆续出台，七部委联合发文公布了 117 个数字乡村建设试点，地方推动数字乡村建设步伐进一步加快。浙江、河北、江苏、山东、湖南、广东等 22 个省份相继出台了数字乡村发展政策文件，着眼全局，突出地方特色，积极推进数字乡村建设。为全面推进乡村振兴、实现农业农村现代化，数字乡村建设仍需把握以下重点。

第一，夯实农村数字化发展基础。数字赋能乡村产业是数字乡村建设的重要内容。以数字农业为基础，衍生农业农村新业态、新模式，培育乡村新发展动能，促进农村一二三产业融合发展，实现数字对乡村产业的全面赋能。一是加强农村数字新基建，完善农村信息化系统。充分利用数字乡村发展契机，拓展农村数字化的“神经末梢”系统，为大数据的搜集、处理提供基础保障。建设乡村数字农业科技园区、数字乡村示范性农场，示范带动乡村产业融合。二是夯实数字农业基础。提升自然资源遥感监测的水平和质量，大力推进高分辨率遥感系统在农业生产中的应用。建设农业农村大数据中心、加强重要农产品全产业链大数据的跟踪与利用，推动农业农村基础数据整合共享。建立天地空一体化的数字化技术体系，在实现空间立体覆盖的基础上，使数字化业态覆盖从数据采集到应用、从监测到防治、从种子到食品、从田间到餐桌等全过程。三是促进农村金融机构发展，构建合理高效的数字普惠金融体系，充分发挥数字技术的包容性、普惠性，拓宽乡村发展的资金来源，破解乡村各类经营主体融资难问题。

第二，加快推动城乡数字创新要素流通。数字乡村建设过程中，加强引导城市的信息、技术、网络和人才等异质性资源向乡村流动，加速推动城乡要素的合理配置。一是促进数字资源从城市向乡村扩散。将物联网、人工智能、大数据等新一代信息技术融入到乡村经济中，统筹高效利用各类农业要素资源，推动现代信息技术对乡村各类产业进行数字化改造，发展数字农业、数字工厂、农村电商及农产品直播、智慧旅游与文化创意、数字普惠金融、远程医疗、教育数字化、智慧养老等多种形式的乡村产业。二是推动科技创新要素在城乡之间自由流动。数字化手段在产业创新中的广泛应用，有助于加强产业链各环节实现互通互动，打通城乡科技创新要素流通的障碍，助力挖掘不同地区、不同类型农村的特色和优势，有效对接创新供求双方，进一步释放农业资源和农村创新活力，实现乡村高质量发展。

第三，多渠道增强农民数字能力。充分利用数字乡村建设的机会，增强农民的数字能力。通过建设乡村数字文化和培育乡村数字新农人，提升乡村人力资本和人才资源，让农民成为乡村产业兴旺的发展主体和受益主体。一是推动数字化、可视化的方式，通过包容性设计为农民使用和操作数字系统提供便利，让更多农村居民能够嵌入网络市场和充分使用数字化公共服务。二是加强农民数字能力的相关培训与引导，增强乡村创新发展的包容性、可持续性，突破时间、空间、地域的限制，让外出务工的乡村青年和流失在外的乡村精英都有机会参与乡村建设，推进“数字民主”。三是支持电商平台企业及社交类企业围绕数字乡村建设持续开展包容性创新，增强农民的数字技术应用能力。

［本条目编写人：许竹青，中国科学技术发展战略研究院］

五、强化基础设施和统筹县乡村公共事业

当前，城乡之间的不平衡突出表现为基础设施建设和基本公共服务水平上的差距，若要从根本解决这些问题，必须推进城乡发展一体化。“振兴乡村，不能就乡村论乡村，还是要强化以工补农、以城带乡，加快形成工农互促、城乡互补、协调发展、共同繁荣的新型工农城乡关系。”[①] 做好乡村振兴战略这篇大文章，必须把县域作为城乡融合发展的重要切入点，强化基础设施和公共事业县乡村统筹，真正把城镇和乡村贯通起来。

强化基础设施和公共事业县乡村统筹的重要意义

推进城乡发展一体化，是工业化、城镇化发展到一定阶段的必然要求，是国家现代化的重要标志，也是促进共同富裕的有效路径。强化基础设施和公共事业县乡村统筹，首先对于实现城乡融合

① 习近平:《坚决把解决好“三农”问题作为全党工作重中之重 举全党全社会之力推动乡村振兴》,《求是》2022 年第 7 期。

发展具有重要意义。着力解决好城乡之间基础设施和公共事业的不均衡问题，推进县乡村公共服务一体化发展、公共基础设施一体化建设，实现城乡整体性发展。其次，强化基础设施和公共事业县乡村统筹是县域高质量发展与乡村振兴的内在要求。县域是推进城乡融合发展的重要切入点和突破口，高质量推进县域新型城镇化，促进城乡基础设施一体化和公共服务均等化，是推动农业农村现代化，促进共同富裕的有效路径。最后，体现了以人民为中心的发展理念。以人的需求为中心，从基础设施的“硬条件”和公共事业的“软环境”两方面入手，聚焦解决人民群众最关心、最期盼的民生问题。

强化基础设施和公共事业县乡村统筹的政策脉络

城乡融合政策核心是打破城乡二元体制，在新的空间形态下，其实现路径是通过基础设施、公共服务等的一体化重新构建城乡格局，促进城乡更加平等发展[①]。回顾我国城乡关系政策的变化，城乡统筹与城乡一体化呈现出递进趋势。2002 年 11 月，党的十六大提出统筹城乡经济社会发展战略。2007 年 10 月，党的十七大提出要建立以工促农、以城带乡长效机制，形成城乡经济社会发展一体化新格局。2017 年 10 月，党的十九大报告中强调要建立健全城乡融合发展体制机制和政策体系，加快推进农业农村现代化；同年中央农村工作会提出把公共基础设施建设的重点放在农村，推动农村基

① 刘守英:《以城乡融合形态推进统一大市场建设》,《乡村发现》2022 年 4 月 30 日。

础设施建设提档升级，逐步建立健全全民覆盖、普惠共享、城乡一体的基本公共服务体系，加快推进工农互促、城乡互补的新型工农城乡关系。

2021 年中央一号文件提出："把县域作为城乡融合发展的重要切入点，强化统筹谋划和顶层设计，破除城乡分割的体制弊端，加快打通城乡要素平等交换、双向流动的制度性通道。"2022 年，国家发展改革委关于印发《2022 年新型城镇化和城乡融合发展重点任务》的通知中指出，推进以县城为重要载体的城镇化建设。推进县城产业配套设施提质增效、市政公用设施提档升级、公共服务设施提标扩面、环境基础设施提级扩能，促进县乡村功能衔接互补。2022 年 5 月 6 日，中共中央办公厅、国务院办公厅印发《关于推进以县城为重要载体的城镇化建设的意见》，进一步强调要以县域为基本单元推进城乡融合发展，发挥县城连接城市、服务乡村的作用，增强对乡村的辐射带动能力，促进县城基础设施和公共服务向乡村衍射覆盖，强化县城与邻近城市发展的衔接配合。当前，为解决城乡之间经济社会发展的差距，需要提高县城辐射带动乡村能力，促进县乡村基础设施和公共服务统筹衔接，以工补农、以城带乡，实现县域内城乡融合发展。

强化基础设施和公共事业县乡村统筹的实践创新

有序推进乡村建设需要坚持可持续发展的理念，统筹城乡融合发展，在强化县乡村基础设施和公共事业统筹的基础上，科学规划和有序推进乡村建设，助力乡村振兴战略的全面推进。在推进县域乡村建设过程中，按照“把城镇与乡村贯通起来”的工作思路，从基础设施和基本公共服务的软硬件两方面持续发力。一方面，强化基础设施的县乡村统筹。《关于推进以县城为重要载体的城镇化建设的意见》指出，要推进城乡道路、网络、供水等基础设施一体化，建立城乡统一的基础设施管护运行机制。从城乡融合的视角出发，构建一体化的城乡基础设施网络体系，加快农田水利、电网供气、道路交通、网络通讯等基础设施的建设力度，在村覆盖、户延伸上下功夫，打通城乡基础设施的“最后一公里”，为助力乡村振兴提供坚实的基础。另一方面，推动公共事业的县乡村统筹。《关于推进以县城为重要载体的城镇化建设的意见》指出，通过建立紧密型县域医疗卫生共同体，发展城乡教育联合体，健全县乡村衔接的三级养老服务网络等，破解基本公共服务领域的重大难题，从根本上缩小城乡居民医疗、教育、养老方面的差距，加快推动公共服务下乡，逐步建立健全全民覆盖、普惠共享、城乡一体化的基本公共服务体系。

强化基础设施和公共事业县乡村统筹的现实困境

长期以来，受到以农哺工、以城市为中心的城乡二元经济发展模式的影响，造成城乡发展差距大，表现为基础设施和公共事业差距较大，这成为城乡融合发展的一大阻碍。首先，基础设施和公共事业在县乡村衔接布局上不够顺畅。当前在基础设施和公共事业上存在连接不顺畅的现象，主要表现在县域空间规划的布局上，包括县、乡、村三级的定位不够明确，欠缺对乡和村一级的考虑；县、乡、村三级功能衔接互补的格局尚未形成，制约了乡村建设的发展进程等。同时由于城乡人口流动及其社会变迁，城乡公共服务的供给与获取不能及时匹配，降低了资源配置效率。其次，基础设施建设和公共事业的城乡差距较大。在基础设施上表现为农村基础设施相对落后，尤其在道路建设、供水能力等基础设施建设远远落后于城市，且受到资金、管理机制等限制，农村基础设施管护一直面临着管护机制单一、维护主体缺位以及缺少配套管护资金的困境。在公共事业方面，农村公共服务水平相对较低，且资源配置存在城乡不均衡的现象。再次，县、乡、村三级的服务能力较弱。对于一些县域来讲，经济水平较低、产业基础薄弱、人口承载能力不足等原因，严重制约了县域城镇化水平的提升，影响了其带动乡、村两级的能力。此外，乡镇服务能力水平较弱。乡镇是城乡资源要素交换的关键节点，在实践中，一些乡镇政府仍然存在服务理念滞后、能力不强、机制不健全等问题。这会造成乡镇一级无法充分发挥服务乡村、带动乡村的作用。

强化基础设施和公共事业县乡村统筹的改进策略

为了提高我国经济社会发展水平，进一步推动城乡融合和县域高质量发展，解决农村基础设施和公共事业发展难题，需要从三个方面入手。首先，县域发展规划要坚持统筹思维。为推进县域城乡融合发展，需要把城乡经济社会发展统一纳入县域规划，协调城乡发展，促进城乡联动，为实现城市与乡村之间基础设施、公共服务有序贯通提供重要指导。在具体规划中，需进一步明确县、乡、村三级的发展定位，形成县、乡、村三级功能衔接互补的格局，科学做好县域内国土空间规划，深入推进以人为核心的新型城镇化，分类做好乡村规划，为实现城乡融合发展提供有效指导。其次，着力促进县域内基础设施一体化和公共事业均等化。在基础设施的县乡村统筹上，需要在补齐农村基础设施建设短板的基础上，推动基础设施的城乡贯通，实现县乡村一体化建设、运营和管护。在推进公共事业县乡村统筹上，要强普惠性、兜底性和基础性民生建设。在城乡基本公共服务均等化上持续发力，推动基础教育、医疗、养老等公共资源向乡村下沉，不断推动城镇化公共服务向农村覆盖，推动公共服务从过去的向行政区覆盖转向服务人口覆盖，促进公共服务不断向乡村延伸。再次，注重提升县域以城带乡的能力的同时，提升乡镇为农服务的能力。发挥乡镇服务乡村、带动乡村的作用，增强乡镇在基层治理中的作用，加强对乡镇和村各类组织、各项工作的领导。把乡镇建成农民的服务中心，完善乡镇教育、医疗、养老等公共服务，满足农民基本公共服务需求。把乡镇建成乡村的经济中心，立足乡镇的资源条件，发挥优势，支持乡镇产业的发展，提升乡镇经济发展水平。

［本条目编写人：冯瑞英，中国农业大学人文与发展学院］

第五章　加强和改进乡村治理

【导读】

乡村要振兴，治理有效是基础。习近平总书记强调："加强和改进乡村治理，要以保障和改善农村民生为优先方向，围绕让农民得到更好的组织引领、社会服务、民主参与，加快构建党组织领导的乡村治理体系。"① 本章聚焦乡村治理，分 5 个条目，从农村基层组织建设、"三治"结合的乡村治理体系、农村精神文明建设、平安法治乡村建设、矛盾纠纷多元化解机制五个方面着手，梳理了其政策脉络、实践经验，从而提出改进和优化乡村治理的未来道路。

乡村治理是国家治理的基础性工程，也是国家治理的"神经末梢"，直接关系着农业发展、农村繁荣、农民富裕。其现代化水平关系到国家治理体系与治理能力现代化目标能否如期实现。2019 年 6 月中共中央办公厅、国务院办公厅在《关于加强和改进乡村治理的指导意见》中指出，"到 2035 年，乡村治理体系和治理能力基本实现现代化。乡村社会治理有效、充满活力、和谐有序"。为全

① 习近平：《坚持把解决好"三农"问题作为全党工作重中之重 举全党全社会之力推动乡村振兴》，《求是》2022 年第 7 期。

面推进乡村振兴战略背景下乡村治理的工作重心和核心要点提供了根本遵循。鉴于此，在新发展阶段，如何加强和改进乡村治理，需要厘清当前乡村社会发展面临的最急迫的任务是什么，牢牢地牵住“牛鼻子”。在实践层面，要以提高基层组织建设质量为抓手，健全自治、法治、德治相结合的乡村治理体系。在具体内容上，以农村精神文明建设、平安法治乡村建设为重点突击对象，健全矛盾纠纷多元化解机制，确保农村社会稳定有序。

一、提高农村基层组织建设质量

习近平总书记强调，要加强和改进党对农村基层工作的全面领导，提高农村基层组织建设质量，为乡村全面振兴提供坚强政治和组织保障。[①] 由此可见，提高党领导下的农村基层组织建设质量是全面推进乡村振兴不可忽视的环节。

党和国家推进“三农”工作的着力点

农村基层组织是党和国家在农村工作的抓手，其有效运行关系国家各项农村发展战略的落实。在全面推进乡村振兴进程中，农村基层组织肩负着重构乡村社会秩序、统筹协调外来流入资源、组织村民良性参与社会治理，带领农村居民幸福生活的重要使命。其中，农村基层党组织是所有农村组织中最具坚强战斗力和引领力的组织，是党在农村的战斗堡垒，有利于保证党的路线、方针、政策

① 《把加强顶层设计和坚持问计于民统一起来 推动“十四五”规划编制符合人民所思所盼》，《人民日报》2020 年 9 月 20 日。

在农村的贯彻执行，提高党领导下的农村基层组织建设质量是贯彻落实乡村振兴战略的桥头堡。[①]

农村基层组织建设的提质与增效

治理有效是全面推进乡村振兴的题中之意，而提高农村基层组织建设质量是治理有效的前置性条件。自党的十九大首次提出实施乡村振兴战略以来，国家制定出台一系列旨在提高农村基层组织建设质量的政策文件，意在顶层设计上为乡村善治提供支撑。从政策文件上看，2018 年至 2022 年的中央一号文件连续五年对农村基层组织建设的重点和方向作了详细规定和目标要求。2018 年 9 月 26 日，中共中央、国务院印发《乡村振兴战略规划（2018—2022 年）》，明确提出要在推动乡村组织振兴的基础上，健全以党组织为核心的乡村组织体系，凸显出党组织在农村基层组织建设中的领导地位。此外，2019 年出台的《关于加强和改进乡村治理的指导意见》与 2021 年出台的《中共中央 国务院关于加强基层治理体系和治理能力现代化建设的意见》对进一步强化党组织全面领导下的农村基层组织体系建设作出了明确指示和要求。从政策内容上看，提高农村基层组织建设质量应重视以下几个方面：包括以加强农村基层党组织建设为重点，构建党组织领导的村级组织体系，用党组织引领其他各类村级组织的方式全面推进乡村振兴工作；在具体实践中，应根据地方实际，推行村党组织书记通过法定程序担任村民委员会

---

① 夏银平、汪勇：《以农村基层党建引领乡村振兴：内生逻辑与提升路径》，《理论视野》2021 年第 8 期。

主任，村“两委”班子成员交叉任职，并加大在优秀农村青年中发展党员的力度；针对重点村、软弱涣散村、集体经济薄弱村，坚持和完善选派驻村第一书记和工作队。此外，理清村级各类组织的功能定位，实现各类基层组织按需设置、按职履责、有人办事、有章理事的运行机制。从政策变化趋势上看，提高农村基层组织建设质量的政策文本越发重视党建的质量，尤其党组织在基层组织中的领导力、组织力和公信力的发挥以及党员的先进性、纯洁性的培养。简而言之，在加强党组织引领农村基层组织全面推进乡村振兴的进程中，对党组织和党员个人意识、素质、能力作出了更高要求。

为全面推进乡村振兴提供了稳定的社会基础

习近平总书记指出，“基础不牢，地动山摇。农村工作千头万绪，抓好农村基层组织建设是关键”[①]。农村基层组织将成熟的社会关系网络、丰富的社会治理经验、优势的政治资源一并融入到乡村振兴实践中，为全面推进乡村振兴提供了稳定的社会基础。

促进了资源整合。实施乡村振兴战略是一项系统性的工程，农村基层组织在党组织的引领下，在政治站位上始终能与党的大政方针保持一致，在具体行动上能够时刻紧扣乡村振兴的目标。在实现资源整合的过程中，农村基层组织发挥对上建议、对下动员的政治智慧，引导各类资源在乡村经济社会发展中的合理配置与流动，实现了乡村发展的秩序化和有序性。

---

① 中共中央党史和文献研究院编:《习近平关于“三农”工作论述摘编》，中央文献出版社2019年版，第185页。

推动了利益整合。乡村振兴是国家整体经济社会发展布局的调整与优化，是“工业反哺农业，城市反哺农村”的具体体现。但对于不同的乡村地域和不同利益主体之间来说，其眼前利益与长远利益、局部利益与整体利益、经济利益与社会利益之间则会存在矛盾与冲突。农村基层党组织作为执政党的向下延伸，其核心利益统一于党的整体利益，其行动的逻辑则会超越组织的自我利益，从而整合了不同的利益关系、协调了不同的利益主体。

实现了价值整合。全面推进乡村振兴既需要政策、制度和资源上的支持，更需要价值理念和社会文化的支撑。城市化进程中，虽然农村的乡土文化与乡村伦理被撕裂或肢解，但中国乡村社会的“乡土性”特质仍然存在，“差序格局”依旧深刻影响着广大农民的思想和行为。农村基层组织在乡村振兴过程中通过培育和践行社会主义核心价值观将乡土价值与城市文明进行有效融合，减少了价值冲突和文化隔阂，共同支撑农村发展。

提高农村基层组织建设质量面临的现实问题

农村基层干部能力水平亟须提高。在全面推进乡村振兴之际，高素质和高水平的农村基层干部必不可少。但是当前农村基层干部综合素质较低、知识结构不够丰富、管理能力较弱。其表征于农村基层实践在于，一方面农村基层干部缺乏相应的专业知识，接受新事物能力弱，导致在具体执行乡村振兴相关政策时，无法有效把强农惠农富农政策转化为农村经济社会发展的强劲动力；另一方面农村基层对年轻党员作为储备干部的培养和教育重视程度不够，新老交替缺乏有效衔接。

农村基层党组织建设有待强化。处于全面推进乡村振兴时期的农村地区利益格局多元化，村庄内部各种矛盾纠纷时有发生。村党组织作为领导各类村级组织的中坚力量，囿于自身组织建设，导致农村基层组织内部在工作中难以形成合力，进而无法有效调动群众积极参与乡村建设，受到群众的挑战和质疑，干群关系出现淡化弱化的情况，这种现象降低了农村基层党组织在群众心中的公信力。

农村基层权力使用亟须有效监督。党和国家的相关政策对“一肩挑”的要求是村党组织书记通过法定程序担任村民委员会主任和村级集体经济组织、合作经济组织负责人，虽然有利于提高基层办事效率，但也导致对“一把手”的行为难以产生有效制约，一方面掌握多项事权的村党组织书记容易发展成为“一言堂”，滋长专权和腐败的现实问题；另一方面村监委会主任由于是村党组织委员担任，很难实现独立监督。此外，在乡村社会，彼此之间有着千丝万缕的联系，导致村民代表在行使监督权方面存在软弱性和消极性。①

提高农村基层组织建设质量的优化路径

提升农村基层党员干部的战斗力。作为参与全面推进乡村振兴的主体性力量，农村基层党员干部是提高农村基层组织建设质量

① 蔡文成、朱荣康:《村支书“一肩挑”治理模式的创新及制度优化》,《西北农林科技大学学报(社会科学版)》2022 年第 3 期。

的重点。一方面，必须加强对现有党员干部综合素质的培养，开展以乡村振兴为主题的思想、意识和能力的培训工作，坚定为民服务的信念。另一方面，要把有群众基础、有凝聚力、有影响力的“能人”作为党员发展的主要培养对象。贵州省遵义市实施培养乡村振兴村级组织领军人才和培养乡村振兴后备力量的“双培养”工程，搭建“党校＋职校”为主的培训平台，采取“集中授课＋分散自学＋实地考察＋领题调研＋交流讨论＋学习测试”方式，强化人才的思想淬炼、政治历练、实践锻炼、专业训练。

加强农村基层党组织的领导力。村党组织作为农村基层组织的领导核心，要充分发挥党在基层的战斗堡垒作用。一方面要切实加强对农村各种组织的集中统一领导，提高党组织的影响力；另一方面也要教育引导农村各类组织在依法依规的前提下行使各项职权，尤其要激发群团社会组织参与乡村治理的热情。河北省衡水市在农村大力推行“五议三公开”工作法、小微权力清单，形成以党组织为核心，其他组织协调联动的工作机制，为全面推进乡村振兴战略提供了组织保障。

提高农村基层权力运用的约束力。让权力在阳光下运行，提高农村基层权力使用的合法性。一方面规范村务监督委员会运行机制，完善村务监督制度，规范监督程序，明确监督权限，提升村务监督委员会的权威。另一方面要激活村民的权利意识，充分发挥村民代表会议拥有罢免权的监督功能。四川省绵竹市加强农村“三资”管理，确保权力阳光运行。通过开展“明白一张纸，打通一百米”“三资”公开试点工作，让群众足不出户就能清晰地了解到自己关心的集体财务问题，实现村级事务公开透明。

［本条目编写人：李海金、杨振亮，中国地质大学（武汉）马克思主义学院］

二、健全自治、法治、德治相结合的乡村治理体系

习近平总书记指出，“乡村振兴不能只盯着经济发展，还必须强化农村基层党组织建设，重视农民思想道德教育，重视法治建设，健全乡村治理体系，深化村民自治实践，有效发挥村规民约、家教家风作用，培育文明乡风、良好家风、淳朴民风”①。可见，健全自治、法治、德治相结合的乡村治理体系对于全面推进乡村振兴具有重要意义。

为全面推进乡村振兴提供了一种方法论

乡村治理体系涉及乡村治理主体、治理方式、治理手段等方面，为乡村社会的治理提供了规范化的运作机制。健全自治、法治、德治相结合的乡村治理体系，在主体层面强调了村民参与乡村事务管理的自主性，在方式方法层面强调了依法治村、以德治村的规范性与灵活性。由此可见，该治理体系在治理有效层面对全面推进乡村振兴具有方法论意义。

---

① 习近平：《把提高农业综合生产能力放在更加突出的位置 在推动社会保障事业高质量发展上持续用力》，《人民日报》2022 年 3 月 7 日。

自治、法治、德治相结合乡村治理体系的优化与升级

从村民自治到健全自治、法治、德治相结合的乡村治理体系。自治、法治、德治相结合的治理体系的提出是基于丰富的中国乡村治理实践。2013年浙江省桐乡高桥街道作为试点，开展了“德治为基础、法治为保障、自治为目标”的“三治”建设，并取得了良好效果，受到省政府的高度重视。2017年正式将“自治、法治、德治‘三治结合’”写入十九大报告，实现了从村民自治到健全自治、法治、德治相结合的乡村治理体系的跨越式发展。

从健全自治、法治、德治相结合的乡村治理体系到健全党组织领导的自治、法治、德治相结合的乡村治理体系。乡村振兴战略的实施使得自治、法治、德治相结合的乡村治理体系迎来了新转折，实现了从健全自治、法治、德治相结合的乡村治理体系向健全党组织领导的自治、法治、德治相结合的治理体系转变。如2018年《关于实施乡村振兴战略的意见》、2019年《坚持农业农村优先发展做好“三农”工作的若干意见》、2020年《关于抓好“三农”领域重点工作确保如期实现全面小康的意见》逐渐呈现出在健全乡村治理体系中，党组织领导的重要性。

全面推进乡村振兴中的健全自治、法治、德治相结合的乡村治理体系。2021年《全面推进乡村振兴加快农业农村现代化的意见》分析总结了实现全面小康社会后全面推进乡村振兴的主要任务和重点工作。2022年《全面推进乡村振兴重点工作的意见》中明确指出，“健全党组织领导的自治、法治、德治相结合的乡村治理体系，推

行网格化管理、数字化赋能、精细化服务”。这进一步彰显了新时期乡村自治、法治、德治相结合治理体系中党组织的领导性，以及乡村治理体系中网格化、数字化、精细化的新特征。

乡村治理“更上一层楼”

实现了治理主体的多元化。习近平总书记在2017年中央农村工作会议上指出，“乡村振兴离不开和谐稳定的社会环境。要加强和创新乡村治理，建立健全党委领导、政府负责、社会协同、公众参与、法治保障的现代乡村社会治理体制，健全自治、法治、德治相结合的乡村治理体系，让农村社会既充满活力又和谐有序”[①]。改变传统社会治理主体一元主导或分散的模式，促进治理主体向多元化方向发展。这是实现创新乡村治理的关键一步。在充分体现农民自主权利的基础上，强调党委领导、政府负责、社会协同、公众参与，拓宽了以往参与乡村社会治理的主体范围，推动乡村治理主体朝着多元化方向发展。

促进了治理结构的合理化。健全自治、法治、德治相结合的乡村治理体系，逐渐形成了高效平衡的乡村治理结构，改变了以往乡村社会结构中党建功能弱化以及纵向上的强治理、横向上的弱治理模式，探索出适合地方实际情况的治理模式，在探求村民自治有效单元的同时，在规模适中和集体行动能力强的村民自治单元里也建立起了合适的党建单元，实现了治理结构的日趋合理化和规范化。

---

① 中共中央党史和文献研究院编:《习近平关于“三农”工作论述摘编》，中央文献出版社2019年版，第135页。

推进了治理规则的现代化。乡村治理在推进自治的同时，要运用好法治和德治的规则。优质的乡村治理模式是“自治为体、德法两用”，以德治化和法治化来促进乡村治理内外部规则的现代化。以法律来制约惩罚村民违法乱纪行为，维护村庄治安；以伦理道理来规范村民行为，形成一套村民认同度高和治理边界清晰的内在行为规范。在健全自治、法治、德治相结合的乡村治理体系的过程中，一方面提高了村民对于村庄外部规则的认同感，另一方面通过内部规则的运用，筑牢了乡村社会的共同体意识。

健全自治、法治、德治相结合乡村治理体系的现实之困

乡村治理的行政化与碎片化。乡村治理的行政化倾向是一个由来已久的现象，但是在健全自治、法治、德治相结合的乡村治理体系中，形成了“网格化治理”“干部驻村”“送法下乡”等治理方式，这种多部门、多种行政手段的介入，无形中助推着乡村治理向行政化的方向发展。同样，在乡村实际治理过程中，自治、法治、德治的功能定位和重点关注的领域各有不同。三者在乡村治理实践中往往由多个政府部门主管和负责。行政条块的分割导致了这种乡村治理的碎片化，影响了自治、法治、德治三者融合整体效应的发挥。

村民公共参与过程的差异化。健全自治、法治、德治相结合的乡村治理体系在提升村民参与乡村治理自主性的同时，也逐渐呈现出村民公共参与过程的差异化，主要体现在两个层面。一是选举阶段与治理阶段的差异化。近年来，村庄民主选举中普通村民的参选

率很高，但是在选举后的治理阶段，决策、管理、监督等环节常处于缺位状态。二是输出性参与与输入性参与的差异化。普通村民的公共参与行为可分为输出性参与和输入性参与。前者主要指服从和落实农村基层组织的决策和任务，后者指通过提供信息影响村级治理的行为。在治理实践中，普通村民参与乡村治理的行为很容易滑向后者。

三治样板模式的同质化。对于健全自治、德治、法治相结合的乡村治理体系的学习与模仿多是源于浙江桐乡，这种模仿学习呈现出的也是全国范围内的同质化。一是就自治和法治而言，多是以“会”或“团”的方式搭建乡村主体参与治理的实践场域。二是就德治而言，多是以“树典型的方式”来彰显以德化人的效果。

健全自治、法治、德治相结合乡村治理体系的破解之道

以党组织统合引领优化基层管理体制。自治、法治、德治相结合的乡村治理体系是一个整体，所以应用系统化的思维去优化基层管理体制。通过党建引领的方式，打通部门间的联结壁垒，优化基层管理体制。例如内蒙古赤峰市通过融合党建的方式，推动市、县、乡、村四级党组织的纵向联通，突破层级隶属，在党组织之间开展互动式、开放式、体验式的主题当日活动，增强了交流与沟通，降低了治理事务中工作的重复性，有效黏合了在乡村治理中出现的行政化和碎片化现象。因此，发挥党建组织统合的优势，优化自治、法治、德治相结合的乡村治理体系，助推乡村全面振兴。

以构建长效激励机制提升村民各阶段公共参与的积极性。村民

作为乡村治理中重要的参与主体，其参与程度影响了治理的效度。因此，保障村民在乡村治理中各个阶段公共参与的高均衡性至关重要。对此，应积极探索激励村民参与乡村治理的长效机制，以提升村民各阶段公共参与的积极性。江西省井冈山市马源村通过设立乡风文明积分银行，结合环境管护、垃圾分类等 6 类内容，开展“遵规守约”积分兑换商品活动，激励了村民积极参与乡村公共事务积极性。以通过物质性和精神性双重激励的方式构建起村民参与乡村治理的长效机制，为全面推进全面振兴激发出内生动力。

因地制宜地探索健全自治、法治、德治相结合乡村治理体系。中国地域广阔，各村庄无论是地理空间、风土民情还是经济结构都展示出了差异性和多样性，并且每个村庄都有其独特的历史脉络和生成逻辑。健全自治、法治、德治相结合的乡村治理体系，在总体原则不变的情况，必须考虑各地的实际情况，实行差异化治理，进而全面推进乡村振兴。上海市宝山区罗泾镇根据塘湾村、海星村、花红村、新陆村、洋桥村的实际情况，提出了“五村联动，全镇互动”的概念，通过治理联动、智慧共管的方式，形成了“六治三理”工作法，推动片区乡村治理迈上新台阶。尊重地区间的多样性与差异性，因地制宜地探索健全自治、法治、德治相结合的乡村治理体系，突破千篇一律的模仿，实现乡村治理的创新发展，是推进乡村全面振兴的关键所在。

［本条目编写人：李海金、冯雪艳，中国地质大学（武汉）马克思主义学院］

三、加强农村精神文明建设

习近平总书记指出，“乡村不仅要塑形，更要铸魂。农村精神文明建设是滋润人心、德化人心、凝聚人心的工作，要绵绵用力，下足功夫”[①]。进入中国特色社会主义新时代以来，中国共产党不断加快建设农村精神文明的步伐，使其逐渐肩负起了促进乡村振兴，建设社会主义现代化强国的时代重任。

为全面推进乡村振兴“铸魂”

新时代背景下，加强农村精神文明建设的重要性日益凸显，尤其在推进实施乡村振兴战略方面具有重要意义。一方面，加强农村精神文明建设是推动乡村文化振兴的动力源泉。文化振兴是乡村振兴价值引领与精神动力源泉，加强农村精神文明建设对于繁荣乡村文化、培育乡风文明、推动文化振兴等意义重大。另一方面，加强农村精神文明建设是满足农民群众对美好生活向往的必然要求。脱贫攻坚的全面胜利使农村生活明显改善，农民对精神文化生活的需求明显提升。持续加强农村精神文明建设，推动建设各类公共设施、文化交流平台等，有力回应了农民对精神文化生活的需求，同时也为破解现阶段我国社会的主要矛盾奠定基础。

---

① 习近平:《坚持把解决好“三农”问题作为全党工作重中之重 举全党全社会之力推动乡村振兴》,《求是》2022 年第 7 期。

推动农村精神文明建设创新发展

中国共产党历来重视农村精神文明建设，尤其在党的十九大提出乡村振兴战略后，逐步形成了一条崭新的农村精神文明建设政策脉络。从政策文件上看，2018 年至 2022 年的中央一号文件中 3 次对加强农村精神文明建设作了专题安排与决策部署。2018 年 7 月 6 日，中央全面深化改革委员会第三次会议审议通过了《关于建设新时代文明实践中心试点工作的指导意见》，这为深入宣传习近平新时代中国特色社会主义思想，推动乡村振兴战略、加强农村精神文明建设提供了重要载体。此外，2019 年出台的《中国共产党农村工作条例》与 2021 年出台的《中华人民共和国乡村振兴促进法》，对加强农村精神文明建设提出了明确要求。从政策内容上看，加强农村精神文明建设应该注重以下几点，包括以弘扬和践行社会主义核心价值观为主线，用农民群众喜闻乐见的方式，筑牢党在农村的思想阵地；拓展新时代文明实践中心建设，深化群众性精神文明创建活动，建强用好县级融媒体中心；支持建设文化活动空间，深入挖掘、继承创新优秀传统乡土文化；持续推进农村移风易俗，推动形成文明乡风、良好家风、淳朴民风等。从最新政策变化上看，加强农村精神文明建设的政策脉络逐渐从关注农村思想阵地，向关注探索统筹推动城乡精神文明融合发展的具体方式转变。同时在创建农村精神文明建设有效平台载体方面进行了创新，具体而言，在保持新时代文明实践中心、县级融媒体中心等平台为依托的前提下，创新宣传教育活动、文化惠民活动、积分制等载体。

加强农村精神文明建设的实践成效与新问题

在全面推进乡村振兴战略背景下，农村精神文明建设以满足农民美好精神生活需求为导向，采取了一系列的相关政策措施，取得了一些实质性的成效。一是提升了农民群众的精神面貌。在贫困治理视角下，农村精神文明建设在摆脱农村精神贫困、提升脱贫群众精神风貌、激发脱贫群众内生动力方面发挥重要作用，带来了农村脱贫人口精神面貌的极大改善。二是促进了农村优秀传统文化的不断传承与发展。在持续加强农村精神文明建设过程中，深入挖掘农村优秀传统文化，不仅丰富了农民群众的文化活动空间，也使农村传统村落得到保护与发展。截至 2022 年，已有五批传统村落名单列入《中国传统村落名单》，其中，6819 个传统村落列入国家保护名录，7060 个村落列入省级保护名录。三是实现了新时代实践文明中心试点工作的提质增效。随着加强农村精神文明建设相关政策的实施，覆盖县、乡、村三级网络的新时代文明实践中心试点工作取得重要成效。根据国家统计局的数据显示，2020 年，农村有乡镇文化站 40366 个，站内有 13.1 万个群众业余文艺团体活跃着农民业余文化生活。

然而，我国正处在社会转型期和矛盾凸显期，农村生活方式、利益格局与社会结构等正在发生变化，农村精神文明建设仍面临着诸多新问题。具体而言：

一是农村精神文明建设的载体困境。步入新时代新征程，农村社会较之传统农村呈现出了不同的景象，具体表现为农村传统文化与传统技艺的传承人出现断层；一些承载中华民族传统文化的戏台、凉亭等建筑载体的商业化与流失；农家书屋、文化广场与活动室等现代化公共文化空间日益形式化等问题，导致农村农民群众缺乏受传统文化熏陶的情感交流载体。这意味着农村精神文明建设的传播载体正逐渐走向消失，不利于文明乡风建设的持续推进。

二是农村精神文明建设的主体困境。一方面，在加强农村精神文明建设中起主导作用的政府缺乏对其重要性的认识。在具体实践中，政府在处理农村经济发展与精神文明建设的关系上，偏向于将农村精神文明建设认为是“软任务”，而存在农村精神文明建设的资金投入与公共设施配备缺乏的问题。另一方面，农村社会的流动性导致加强精神文明建设的主体缺位，而留守群体作为加强农村精神文明建设的实践主体，在一定程度上存在留守妇女与老人缺乏参与积极性、留守儿童缺乏认知等困境。

三是农村精神文明建设的同质化困境。随着国家政策的大力推进，各地纷纷开展加强农村精神文明建设活动，但在具体实施过程中，存在忽视农村社会文化地域性、多样性的特点，而采取整齐划一的政策措施与实践形式。这导致农村精神文明建设容易陷入同质化困境，无法吸引农民群众积极参与，在培育乡风文明、推动文化振兴方面的实际作用与效果方面则有所欠缺。

探索解决农村精神文明建设困境的重要举措

近年来，全国各地以习近平总书记关于“三农”工作和乡村振兴战略重要论述为基本遵循，注重社会主义核心价值观的价值引领作用，不断从实践中总结经验并进行创新性探索，形成了既能解决农村精神文明建设面临的困境，又能持续推进其做细做实的重要举措与典型案例。

加强党对农村精神文明建设的引领作用。农村工作是中国共产党工作的重点，发挥农村精神文明建设在推动乡村振兴战略、培育乡风文明方面的积极作用，必须坚持与加强党的全面领导。一方面，以社会主义核心价值观的培育和践行为主线，开展思想道德与民主法治教育，建立农村党员名人馆、传统优秀文化长廊等载体，弘扬真善美的精神品质。另一方面，把加强农村精神文明建设纳入基层经济社会整体规划，将加强农村精神文明建设的成效作为领导干部考核的重要内容，突出其在基层社会治理中的重要性。宁夏西吉县龙王坝村以党建为引领，建立“一根红线穿到底”的纵向自治管理机制，在加强新时代农村精神文明建设，引领农民群众奔向美好生活方面取得了较好成效。

注重农村精神文明建设的人才培养与榜样力量。针对加强农村精神文明建设的主体困境，坚持农民群众的中心地位，发挥农民群众的主动性。具体而言，包括培养文化技艺传承人、民间艺人、妇女干部等人才力量，激发当地农民群众参与精神文明建设的内生动力；培养与输送一批人才到基层参与建设乡风文明；以家风建设为微观载体，发挥榜样示范作用等。陕西汉阴通过推广沈氏家训“五个一工程”，以践行“好家训家风”推动移风易俗，发挥榜样力量，在提升农民群众精神面貌与新民风建设方面取得了一定成效。

拓展新时代文明实践中心的载体作用。加强农村精神文明建设需要丰富的活动载体，新时代文明实践中心的创新实践在丰富农村精神文明建设形式、避免同质化困境方面发挥重要作用。包括以动漫、游戏、数字艺术、融媒体等数字载体进行文化赋能；以建设文化活动中心、乡村书店与图书室等平台丰富农民群众的精神文化生活，如河南省修武县大南坡村的“方所乡村文化·大南坡”空间，为当地乡村社会注入了文化力量；以乡村壁画、农民画为载体的美术赋能助力农村精神文明建设，如上海金山开创的“新农民画”，有助于提升农民群众的精神文明素质。此外，江苏省深化拓展新时代文明实践中心建设，把理论宣讲和惠民服务、文化生活等有机融合，在提升农民群众“精气神”方面取得重要成效。

（本条目编写人：李海金、马青青，中国地质大学（武汉）马克思主义学院）

四、推进更高水平的平安法治乡村建设

随着经济社会的快速发展，农村地区的平安法治建设问题开始显现。《中共中央 国务院关于做好 2022 年全面推进乡村振兴重点工作的意见》指出：“切实维护农村社会平安稳定。推进更高水平的平安法治乡村建设。”由此可见，推进更高水平的平安法治乡村建设是全面推进乡村振兴的重要环节。

平安是老百姓解决温饱后的第一需求

“平安是老百姓解决温饱后的第一需求，是极重要的民生，也

是最基本的发展环境”。[①]2013 年 5 月，习近平总书记就建设平安中国做出重要指示，“把平安中国建设置于中国特色社会主义事业发展全局中来谋划”，强调“平安是人民幸福安康的基本要求，是改革发展的基本前提”。[②]习近平总书记在农村改革座谈会上的讲话进一步提出，“要推进平安乡镇、平安村庄建设，开展突出治安问题专项整治，引导广大农民自觉守法用法”[③]。乡村振兴战略确立后，“推进平安乡村建设”[④]目标正式形成，是乡村治理有效的重要内容之一。这些重要论述深刻地阐明了平安乡村建设的重大意义，作为平安中国建设的重要组成，乡村的平安不仅是农民安居乐业、农村社会安定有序的基础，也是国家长治久安的前提。

习近平总书记的重要论述也阐述了平安建设要领与路径：“法治是平安建设的重要保障”，“发挥法治的引领和保障作用，坚持运用法治思维和法治方式解决矛盾和问题”。[⑤] 2017 年中央农村工作会议上，习近平总书记进一步对平安乡村建设提出了部署和要求：“依法严厉打击危害农村稳定、破坏农业生产和侵害农民利益的违法犯罪活动。特别是对农村黑恶势力，要集中整治、重拳出击。”[⑥]

---

① 习近平：《十二、让老百姓过上好日子》，《人民日报》2016 年 5 月 6 日。

② 习近平：《就建设平安中国作出的指示》，《人民日报》2013 年 6 月 1 日。

③ 习近平：《加大推进新形势下农村改革力度 促进农业基础稳固农民安居乐业》，《人民日报》2016 年 4 月 29 日。

④ 习近平：《强调发挥法治的引领和保障作用 提高平安建设现代化水平》，《人民日报》2014 年 11 月 4 日。

⑤ 习近平：《强调发挥法治的引领和保障作用 提高平安建设现代化水平》，《人民日报》2014 年 11 月 4 日。

⑥ 习近平：《论坚持全面深化改革》，中央文献出版社 2018 年版，第 409 页。

尽管“平安建设”与“法治建设”在思想基础和政策体系等方面不完全重合，但稳定与秩序的共同指向是的在二者在实践中形影相随。基于此，2022 年中央一号文件明确提出“推进更高水平的平安法治乡村建设”的政策要求，这充分体现了“平安建设”与“法治建设”的深层逻辑关联与具体实践路径。总之，推进平安法治乡村建设既是推进平安中国、法治中国建设的重要组成，同时也是全面推进乡村振兴战略实施的关键目标和底线任务。

为全面推进乡村振兴提供了安定的社会环境

平安与法治作为人类对现代治理与生活方式不懈追求的结果，标示着文明、秩序、公平、正义等美好价值。推进平安法治乡村建设有利于构建一个文明有序、治理有效、生活美好的现代化乡村。① 在全面推进乡村振兴战略背景下，平安法治乡村建设以满足农民安定的生产生活环境为导向，出台一系列政策文本，取得了诸多显著成效。一是增强了农民的生活安全感。在国家持续出手整顿“黑恶势力”的基础上，农村地区“小黑小恶”势力被剪除，农民自身合法权益得到应有的尊重和保护，为农民平安生活创造了前提条件。二是维护了乡村社会发展秩序。法治作为一种价值理想追求，其蕴含的价值、精神与理念有助于农民世界观、人生观和价值观的现代转型与重塑，推动农民的法治思想从传统向现代过渡，为法治在乡村扎根打下牢固的根基。三是形成了文明的生活方式。随着农村社

① 王东：《法治乡村建设推进乡村振兴的价值耦合、行动构设与路径选择》，《西北农林科技大学学报（社会科学版）》2020 年第 5 期。

会结构的转型与发展，农民的生活方式也在历经着变迁，但新的生活方式尚未完全建立，例如迷信、赌博、攀比等不健康的生活方式，只有法治才能促其消亡，从而形成了新时代文明的生活方式。然而，面对百年未有之大变局，农村地区在推进平安法治建设上仍然存在一些问题，主要表现在治安防控、法律供给等方面。

加强和创新乡村治理，建设更高水平的平安法治乡村

2016 年 10 月，习近平总书记就加强和创新社会治理作出重要指示，“强调要继续加强和创新社会治理，完善中国特色社会主义社会治理体系，努力建设更高水平的平安中国，进一步增强人民群众安全感”[①]。如果说“平安乡村”是乡村的基本民生与发展的基本前提，“法治乡村”是改革发展的方法原则，那么社会治理则是实现二者统一的实践形态。就其一般意义而言，治理是“公私个人或机构管理其共同事务的诸多方法的总和，是使相互冲突或不同的利益得以调和并采取联合行动的持续过程”[②]，这意味着乡村的平安建设不仅需要手段与方法的综合性，而且需要注重防患于未然的源头性和系统性。无论是国家治理体系与治理能力现代化整体部署中，还是乡村振兴战略的规划与立法中，实现乡村治理有效都指向了平安与法治乡村的建设。因此，更高水平的平安法治乡村既要坚持系统治理、依法治理、综合治理、源头治理和专项治理相结合，也要

---

① 习近平:《完善中国特色社会主义社会治理体系 努力建设更高水平的平安中国》,《人民日报》2016 年 10 月 13 日。

② 俞可平主编:《治理与善治》，社会科学文献出版社 2000 年版，第 4 页。

发挥好自治、法治、德治和科技作用。具体来说，围绕平安法治乡村的目标，乡村治理应在农村社会治安防控体系建设和农村法律服务供给两个方面发力。

首先是加快完善农村治安防控体系，提升老百姓安全感。随着我国社会主要矛盾发生历史性变化，人民群众对平安的需要呈现出多样化多层次多方面的特点。平安已经从传统意义上的生命财产安全，上升到安业、安居、安康、安心等方面，内涵外延不断拓展，标准要求更新更高。基于此，农村防控体系的建设一方面要依法严厉打击危害农村稳定、破坏农业生产和侵害农民利益的违法犯罪活动；依法打击整治毒品违法犯罪活动、非法宗教活动等。依法严厉打击农村黄赌毒和侵害农村妇女儿童人身权利的违法犯罪行为。特别是对农村黑恶势力，要集中整治、重拳出击，要紧盯涉黑涉恶重大案件、黑恶势力经济基础、背后“关系网”“保护伞”不放，在打防并举、标本兼治上下真功夫、细功夫，确保取得实效、长效。依法严厉打击农村制售假冒伪劣农资、非法集资、电信诈骗等违法犯罪行为。另一方面，要强化农村安全生产、交通消防等安全管理责任全面开展排查治理农村枯井、河塘、桥梁、自建房、客运和校车等安全隐患，提升老百姓安全感。开展农村交通、消防、安全生产、自然灾害、食品药品安全等领域风险隐患排查和专项治理。

其次是加强农村法律服务供给，推进法治乡村建设。一方面要健全乡村基本公共法律服务体系充分发挥人民法庭在乡村治理中的作用，加强村法律顾问工作。规范农村基层行政执法程序，严格按照法定职责和权限执法，将政府涉农事项纳入法治化轨道。另一方面要深入开展农村法治宣传教育，大力开展“民主法治示范村”创建，深入开展“法律进乡村”活动，培育一批“法治带头人”。防范黑恶势力、家族宗族势力等对农村基层政权的侵蚀和影响。普法工作要紧跟时代，在针对性和实效性上下功夫，特别是要加强农村青少年法治教育，不断提升乡村法治意识和法治素养，使法治成为乡村建设与发展的基本准则。

完善预防性法律制度，坚持和发展新时代“枫桥经验”

乡村的平安稳定的实现乃是一个长期、动态的社会治理过程，不仅需要对黑恶势力重拳出击、对违法犯罪严厉打击，也需要加强普通的社会冲突矛盾的引导和疏导。对此，习近平总书记指出，要“完善预防性法律制度，坚持和发展新时代‘枫桥经验’……促进社会和谐稳定”，“法治建设既要抓末端、治已病，更要抓前端、治未病”[①]。我国国情决定了我们不能成为“诉讼大国”，因而要推动更多法治力量向引导和疏导端用力，做到群防群治和小事不出村、大事不出镇、矛盾不上交。

党的十八大以来，习近平总书记高度重视坚持和发展“枫桥经验”，作出一系列重要论述。“坚持发展新时代‘枫桥经验’，做到‘小事不出村、大事不出乡’”，写入中共中央办公厅、国务院办公厅印发《关于加强和改进乡村治理的指导意见》。2020 年中央一号文件进一步提出创建了一批“枫桥式公安派出所”“枫桥式人民法

① 习近平:《坚定不移走中国特色社会主义法治道路 为全面建设社会主义现代化国家提供有力法治保障》,《求是》2020 年第 5 期。

庭”的目标。以习近平总书记相关重要论述为根本遵循，各地立足实际，积极探索，形成了一批新时代的“枫桥经验”。例如，新密市推行“一村一警”警务模式，社区民（辅）警进驻行政村，重点行政村建立警务室，延伸警务工作触角，形成以包村民警为中心、包村辅警为补充、村组干部为纽带、农村群众为基本防控单元的点线面结合的治安防控网络，着力维护农村社会稳定，增强民群众的幸福感、安全感和获得感。[①] 儋州市坚持以人民为中心的思想，听民声、了民意、解民忧，加强乡村基层精细化管理，积极创建可推广、可复制的人民调解示范点，推出“胡哥调解室”等人民调解品牌，发动“五老”人员等各方参与，巧用村规民约、公序良俗，于情、于理、于法化解矛盾纠纷，最大限度地把矛盾纠纷化解在基层，为“枫桥经验”注入更多的时代内涵和地方元素。

［本条目编写人：袁泉，华中农业大学文法学院］

五、健全矛盾纠纷多元化解机制

党的十八大以来，习近平总书记高度重视坚持和发展“枫桥经验”，作出了一系列重要论述。习近平总书记指出，“要推动更多法治力量向引导和疏导端用力，完善预防性法律制度，坚持和发展新时代‘枫桥经验’，完善社会矛盾纠纷多元预防调处化解综合机

① 农业农村部农村合作经济指导司编:《全国乡村治理典型案例》(二)，中国农业出版社2022年版。

制”[①]。面对社会矛盾多元化的时代背景，要以“发现得早、化解得了、控制得住、处置得好”作为社会多元矛盾的目标，建立健全矛盾纠纷多元化解机制，为促进社会和谐稳定、安定有序提供保障。

确保农村社会稳定有序

改革开放以来，我国城乡利益格局深刻调整，农村社会结构深刻变动，农民思想观念深刻变化。这种前所未有的变化，为农村经济社会发展带来巨大活力，同时也形成了一些突出矛盾和问题。尤其是部分地区的城乡之间、企业与农民之间以及农民内部之间的利益不断调整，不可避免地带来了各种矛盾冲突，例如因征地拆迁、宅基地使用等问题引发纠纷，邻里发生矛盾等。可见，我国利益多元化的社会已经形成，矛盾纠纷同样朝着复杂多元的形式发展。因此，有必要建立健全矛盾纠纷多元化解机制，原因在于，一方面，健全矛盾纠纷多元化解机制能够满足农民群众对矛盾化解的多样化、多元化需求。另一方面，健全矛盾纠纷多元化解机制是确保农村社会稳定有序的重要举措。

构建一站式多元化矛盾纠纷化解机制

如何实践和创新发展好“枫桥经验”，妥善化解社会转型期的各类矛盾纠纷，建立健全矛盾纠纷多元化解机制，以维护社会大局和谐稳定，是党和国家高度重视的并一直在探索的重要问题。多年

① 习近平:《坚定不移走中国特色社会主义法治道路 为全面建设社会主义现代化国家提供有力法治保障》,《求是》2021 年第 5 期。

来，形成了一系列健全矛盾纠纷多元化解机制的政策内容，从广到精，逐步提出了构建一站式多元化矛盾纠纷化解机制的政策内容。

2013 年 12 月 23 日，习近平总书记在中央农村工作会议上指出，“重视化解农村社会矛盾，确保农村社会稳定有序。[①]” 2015 年 10 月 13 日，十八届中央全面深化改革领导小组第十七次会议审议通过了《关于完善矛盾纠纷多元化解机制的意见》，这使得矛盾纠纷多元化解机制，从法院系统的多元化纠纷解决机制的制度体系，上升为国家治理体系和治理能力现代化的战略行动。2016 年 6 月 29 日，最高人民法院出台了《关于人民法院进一步深化多元化纠纷解决机制改革的意见》，这为推动人民法院多元纠纷解决机制建设提供了规范和指导。2019 年，习近平总书记在中央政法工作会议上作出重要指示，明确提出要“坚持把非诉讼纠纷解决机制挺在前面”[②]。2021 年 2 月 19 日，中央全面深化改革委员会第十八次会议审议通过的《关于加强诉源治理推动矛盾纠纷源头化解的意见》强调，要加强矛盾纠纷源头预防、前端化解、关口把控，完善预防性法律制度，从源头上减少诉讼增量。2021 年 4 月 28 日印发的《中共中央 国务院关于加强基层治理体系和治理能力现代化建设的意见》强调，应当坚持和发展新时代“枫桥经验”，健全乡镇（街道）矛盾纠纷一站式、多元化解决机制以增强乡镇（街道）平安建设能

① 中共中央文献研究室:《十八大以来重要文献选编》(上)，中央文献出版社 2014 年版，第 683–684 页。

② 《把非诉讼纠纷解决机制挺在前面 推动行政争议多元化解——最高人民法院行政审判庭负责同志就〈关于进一步推进行政争议多元化解工作的意见〉答记者问》，人民法院报，2022 年 1 月 21 日。

力。2022年中央一号文件明确提出，“构建一站式多元化矛盾纠纷化解机制”。

由此，在习近平总书记相关重要论述的指引下，具有中国特色的一站式多元纠纷解决机制不断完善，在化解矛盾纠纷、服务人民群众的能力水平显著提升，创造了多元纠纷解决的中国方案。近年来，全国各地坚持和发展新时代“枫桥经验”，结合各自实际加快构建一站式多元化矛盾纠纷化解机制。例如，儋州市法院和市司法局将矛盾纠纷化解的力量下沉在乡镇、村一线，依托基层调解组织，联合基层法庭，推动形成“法官 + 调解员”联调的工作模式，共同开展诉前人民调解工作。通过建立诉调对接、检调和解、公调对接等多项联动工作机制，整合公安、检察院、法院、司法等重点部门力量，采取重点部门集中常驻、涉事部门随驻的窗口服务方式，对矛盾纠纷进行全科受理，形成了“一站式接待、一揽子调处、全链条解决”的工作模式。①江西省南昌市南昌县创新矛盾纠纷调处机制，采取政府购买服务方式，公益律师、心理咨询师、老政法干部、基层调解能手等从不同维度，通过人民调解、行政调解、司法调解、诉讼服务有序衔接，实现了矛盾纠纷“一个门进出、一揽子调处、一站式服务”。②

---

① 农业农村部农村合作经济指导司编:《全国乡村治理典型案例》(三)，中国农业出版社2021年版。

② 农业农村部农村合作经济指导司编:《全国乡村治理典型案例》(三)，中国农业出版社2021年版。

健全矛盾纠纷多元化解机制的现实困境

首先，建立矛盾纠纷多元化解机制的共治格局尚未形成。从建立健全矛盾纠纷多元化解机制的政策体系来看，该机制的建构是一项系统工程，这需要在其构建过程中发挥作用的各个环节都密切协作，形成合力。然而，在矛盾纠纷多元化解机制的建立过程中，一些重要环节缺乏统筹协调、良性互动、程序衔接、多元高效的共治力量。例如，在一些矛盾纠纷特别是群体性事件发生后，往往涉事单位或部门单打独斗、各自为战，有的甚至互相掣肘。这非常不利于形成建立矛盾纠纷多元化解机制的内在合力，更不利于整体的社会治理。

其次，乡村社会治理中的矛盾纠纷化解的信息化管理水平有待进一步提升。新形势下，社会所呈现出的矛盾纠纷利益关系异常复杂，同时新老问题与矛盾交错叠加，处理起来非常棘手。同时，一些矛盾问题在互联网的聚合放大效应下，燃点降低、爆点增多，网上串联、网下行动，处理不好就会形成群体性事件。这为矛盾纠纷的处理带来了极大的处理困境。“技术支撑”的缺乏不仅使得基层治理主体在处理时面临困难，更是增加了满足人民群众化解矛盾纠纷愿望的难度。

最后，治理主体的矛盾纠纷化解意识以及观念有待进一步提高。建立健全矛盾纠纷多元化解机制，最终需要依靠治理主体去完成。然而，面对矛盾纠纷的多元化、复杂化，一些治理主体没有及时发挥调解作用，导致“小事化大事”，最终酿成大错。同时，由于治理主体缺乏对法律知识的宣传，导致人民群众缺乏法律意识，加大了处理矛盾纠纷的难度。

健全矛盾纠纷多元化解机制困境的破解之道

其一，注重形成内在合力，发挥协同效应。在健全矛盾纠纷多元化解机制过程中，要着力健全该项工作的整体格局，强化其内在合力，包括发挥党委政府的主导推动作用、发挥综治中心的统筹协调作用、发挥各部门在各方面的应对能力、发挥社会力量协同构建等。同时，从协同效应的角度分析来看，面对社会矛盾的多元化以及群众需求的不同，应该注意不同纠纷解决方式与同一纠纷解决方式内部各环节之间的协同作用，着力发挥好矛盾纠纷多元化解机制的整体性功能。

其二，注重信息化治理水平，推动信息化平台应用。乡村治理能力与治理体系现代化的背景下，“技术支撑”与“法治保障”同样纳入了现代乡村社会治理体制的发展目标。因此，提升乡村社会治理数字化水平也将成为基层矛盾纠纷调处的重要路径。例如，海南省儋州市顺应“互联网 +”大数据发展趋势，构建人民调解信息化网络矩阵。线上通过互联网平台，线下依托全市 16 个镇级调解委员会，以多元化调解纠纷为枢纽，全方位开展矛盾纠纷案件线上受理、视频调解，实现人民调解“随时、随身、随地服务”。此外，把矛盾解决在萌芽状态、化解在基层还需要广泛开展平安教育和社会心理健康服务、婚姻家庭指导服务。推动法院跨域立案系统、检察服务平台、公安综合窗口、人民调解组织延伸至基层，提高响应群众诉求和为民服务能力水平。

其三，注重普法活动，突出人民群众的主体地位。要在人民群众中间广泛宣传与其生产生活密切相关的法律法规，在日常生活中增强人民群众的法治意识与法治素养。同时，在化解矛盾纠纷的过程中，要牢牢依靠人民群众，让群众直接参与到矛盾纠纷的化解过程，集合群众力量、凝聚群众智慧。降低弱势群体维权时所产生的费用，以实现和维护基层群众的根本利益。

［本条目编写人：袁泉，华中农业大学文法学院］

第六章　加强党对“三农”工作的全面领导

【导读】

办好农村的事情，实现乡村振兴，关键在党。全面推进乡村振兴，必须健全党领导农村工作的组织体系、制度体系、工作机制，提高新时代党全面领导农村工作的能力和水平。本章紧扣党的领导，分4个条目，从五级书记抓乡村振兴的工作机制、全面推进乡村振兴责任体系、党的农村工作机构建设、乡村振兴示范创建四个方面入手，总结分析了其制度框架、政策要点与现实经验，提出了全面乡村振兴进程中强化党的领导的思路。

作为推进中国现代化进程的重大任务之一，党始终把“三农”问题作为全党工作重中之重。百年来，中国共产党领导中国人民进行反贫困斗争，彻底消除了绝对贫困问题，积累了丰富的反贫困经验，走出了一条中国特色的减贫道路。党的坚强领导是反贫困斗争取得伟大胜利的政治保证。[①]特别是党的十八大以来，党将脱贫攻坚摆在治国理政的突出位置，用伟大的成就证明了“中国共产党为

---

① 程恩富、吕晓凤:《中国共产党反贫困的百年探索——历程、成就、经验与展望》,《北京理工大学学报（社会科学版）》2021年第4期。

什么能”。特别是以习近平同志为核心的党中央坚持把解决好“三农”问题作为全党工作重中之重，持续加大强农惠农富农政策力度，扎实推进农业现代化和新农村建设，全面深化农村改革，农业农村发展取得历史性成就、发生历史性变革。实践充分表明，只有加强和改善党对“三农”工作的领导，切实提高党把方向、谋大局、定政策、促改革的能力和定力，确保党始终总揽全局、协调各方，才能保证农村改革发展沿着正确的方向前进。进入乡村振兴、推动农业农村现代化的新阶段，坚持党的全面领导依然是必须坚持的基本原则。

一、强化五级书记抓乡村振兴的工作机制

习近平强调，“各地区各部门要充分认识实施乡村振兴战略的重大意义，把实施乡村振兴战略摆在优先位置，坚持五级书记抓乡村振兴，让乡村振兴成为全党全社会的共同行动”①。“五级书记”是指省、市、县、乡四级党委书记和村党支部书记（包括第一书记和驻村工作队）。在脱贫攻坚时期，我国建立并完善了“五级书记一起抓扶贫”的领导责任体制，各级党委作为脱贫攻坚的第一责任主体，为赢得脱贫攻坚的胜利奠定了政治基础和组织基础。②

① 习近平:《把实施乡村振兴战略摆在优先位置 让乡村振兴成为全党全社会的共同行动》,《人民日报》2018年7月6日。

② 黄承伟等:《大党治贫：脱贫攻坚中的党建力量》，广东人民出版社2021年版，第54页。

五级书记抓乡村振兴的重要价值与意义

在新时期，五级书记一起抓是取得乡村振兴全面胜利的政治保障，具有重大意义。第一，五级书记一起抓乡村振兴是实现共同富裕，维护好农村发展公平公正的保障。党坚持发展为了人民、发展依靠人民、发展成果由人民共享，共享发展是实现社会公平正义和逐步共同富裕的根本途径。脱贫攻坚解决了绝对贫困的历史问题，但是农村的发展水平有待提高，发展基础有待夯实。必须以党的初心和宗旨的坚守，通过五级书记一起抓乡村振兴的纵向贯通，进一步提升农村发展水平，缩小城乡之间以及农村内部的差距，确保农村发展的根本方向。

第二，五级书记一起抓乡村振兴是进一步增强农村组织力、降低农民走向市场的成本的要求。脱贫攻坚结束后，农村发展将由突击性、紧迫性、特殊性工作转入常规性、持久性、制度性工作。① 但是当前部分村庄的组织力仍然较弱，村级党组织的能力能否适应乡村振兴的需要，是一个现实的挑战。同时，小农户依然是当前农村的经营主体。要以五级书记一起抓的机制，以党的组织力提升村庄的组织化水平和发展能力，从而降低农民走向市场的成本。

第三，五级书记一起抓乡村振兴是进一步协调资源助推乡村发展的要求。乡村振兴范围更广，目标更高，需要投入的资源更多，要使五级书记一起抓的机制嵌入到社会资源的动员与配置中，使资源与村庄以及区域的需求精准对接，发挥出最大效益。如乡村产业

---

① 刘奇：《后脱贫攻坚时代的组织力创新》，《中国发展观察》2019 年第 12 期。

振兴要形成跨城乡、区域的产业带，做大产业规模；文化振兴要面对地域性的民族文化或者地方文化；生态振兴要有区域整体协作，这些都需要通过五级书记一起抓的机制，在区域间形成协同关系。

总之，五级书记一起抓是中国政治制度优势的体现，是党对农村工作全面领导的实现载体。通过党的组织体系，调动了政府、市场以及社会的资源，协调各方关系，既为农村发展提供了动力，又保证了农村发展的方向。

五级书记抓乡村振兴的政策体系

从 2018 年起，党中央、国务院每年都在中央一号文件中对五级书记抓乡村振兴的相关工作作出部署。2018 年的中央一号文件指出党政一把手是乡村振兴的第一责任人，五级书记抓乡村振兴。县委书记要下大气力抓好“三农”工作，当好乡村振兴“一线总指挥”。同年中共中央、国务院印发的《乡村振兴战略规划（2018—2022 年）》指出，坚持乡村振兴重大事项、重要问题、重要工作由党组织讨论决定的机制，落实党政一把手是第一责任人、五级书记抓乡村振兴的工作要求。2019 年中央一号文件提出强化五级书记抓乡村振兴的制度保障，制定落实五级书记抓乡村振兴责任的实施细则。2020 年中央一号文件提出加强党对“三农”工作的全面领导，强化五级书记抓乡村振兴责任，落实县委书记主要精力抓“三农”工作要求。2021 年的中央一号文件则专门以一节的内容部署如何强化五级书记抓乡村振兴的工作机制。一是要将脱贫攻坚中形成的党的领导机制根据实际需要运用到乡村振兴工作体系中。二是对五级书记的工作重点做出安排，省、市、县级党委要定期研究乡村振兴工作；县委书记应当把主要精力放在“三农”工作上；建立乡村振兴联系点制度，省、市、县级党委和政府负责同志都要确定联系点；开展县、乡、村三级党组织书记乡村振兴轮训。三是加强党对乡村人才工作的领导。四是建设政治过硬、本领过硬、作风过硬的乡村振兴干部队伍，选派优秀干部到乡村振兴一线岗位。

强化五级书记抓乡村振兴的实践路径

一是进一步强化组织领导的工作机制。第一，强化总揽全局、协调各方的党的领导制度体系，把党的领导落实到推动乡村振兴的全过程，增强各级党组织抓乡村振兴的组织力。把乡村振兴作为各级党委的中心工作，以高度的政治站位和担当意识推动乡村振兴各方面工作的开展。第二，把乡村振兴与基层党组织建设紧密结合，把基层党组织建设成宣传农业农村发展新战略、推动乡村振兴、团结动员群众推动农村发展的坚强战斗堡垒。以党建促振兴，将党的领导这一制度优势转化为治理效能，做强村庄发展能力和村庄治理能力。第三，在乡村振兴中锻炼干部、识别和提拔干部，通过党的组织体系，让在乡村振兴中有作为、有担当、有成效的干部能够得到充分的激励。并形成有效的监督机制，对出现的问题及时作出调整和改进，确保五级书记抓乡村振兴的过程不走样，目标不跑偏。

二是进一步完善资源配置的工作机制。第一，完善和创新各级党委领导下的乡村振兴政策体系。合理设计各级政府落实乡村振兴战略的总体政策和专项政策，并以五级书记一起抓的机制推动政策落地。乡村振兴的瞄准单位更多是包括脱贫村和非脱贫村在内的区域，需要形成跨区域的资源整合机制和协调机制。要以县域为单位，以联村党委、产业党支部等多种形式，实现区域间发展互补、治理联动、服务共通，以五级书记一起抓推动五大振兴齐推进。第二，加强党对乡村人才工作的领导，将乡村人才振兴纳入党委人才工作总体部署。健全乡村人才培养机制，引导各类学校和机构培养更多懂农业、爱农村、爱农民的专业人才；强化人才服务乡村激励机制，引导城镇经营、管理、科技等各类人才积极投身乡村；为返乡创业者、乡贤等本土人才提供良好的干事创业环境和支持条件。第三，创新党委领导下以县域为核心的乡村振兴资源配置体系。发挥好县委书记的“一线总指挥”作用，继续用好“四到县”机制，在资金的整合及使用上给予县级政府必要的自主权。将乡村振兴与新型城镇化结合起来，以县城为载体推进城镇化，兼顾新型城镇化和乡村振兴目标。[①]以县域改革为动力推进城乡融合发展，农业与工业发展对接，农村资源要素与城市资源要素对接。

三是进一步做实村庄资源落地的工作机制。第一，继续实施第一书记工作制度。第一书记发挥其公共领导力优势，依托于国家赋权，将来自顶层的制度设计转变为基层的政策产出[②]，带来了政府公共服务职能提升、行政资源下沉基层、顶层决策与群众参与的有

---

① 吕德文:《县域城镇化如何服务乡村振兴》,《环球时报》2022 年 5 月 9 日。

② 舒全峰:《公共领导力供给、国家赋权与制度重构——第一书记治村的制度逻辑》,《行政科学论坛》2017 年第 11 期。

机融合以及村级治理能力提升。[①]要进一步完善第一书记遴选制度，把适合乡村振兴需要的优秀干部选派到乡村去。第一书记继续以加强农村基层党组织建设为根本任务，同时充分利用自身的优势，统筹可用的城乡资源，推动强村富民、提升村庄治理水平。第二，发挥好基层党组织的战斗堡垒作用。经过脱贫攻坚，农村基层党组织“软弱涣散”问题得到了很大改善。但是在一些地区，尤其是西部劳动力流出较多的农村，依然面临着党员发展难、老龄化突出、文化水平较低、服务意愿和能力不强等问题。因此，五级书记一起抓乡村振兴，就要进一步夯实农村基层党组织，吸引更多懂经营、会管理、善创新的农村青年加入党组织，以扎根的基层党建，做实党建引领乡村振兴机制，解决在产业振兴、社区服务、社区文化传承、生态文明建设过程中党员参与动力与参与机制问题，盘活村庄资源，实现振兴目标。第三，坚持党的群众路线，发挥好农民的主体性。在城乡差距依然较为明显的背景下，一些地区的村庄人才流失现象严重，要通过引入机制激发乡村活力和村民积极性，不断培育村民内生动力。[②]坚持农民主体的原则，核心应是按照农业农村优先发展的要求重塑城乡关系，在城乡平等的原则下尊重乡村自主，让广大农民成为乡村振兴的真正主体。[③]乡村振兴是一项长期

---

① 王晓毅、阿妮尔:《从“超常规”到“常规化”：驻村帮扶如何助推乡村治理现代化》,《南京农业大学学报（社会科学版）》2021年第6期。

② 李小云:《现代化进程中的乡村问题和振兴路径》,《贵州社会科学》2022年第1期。

③ 陈文胜:《实施乡村振兴战略要避开八个误区》,《湖南日报》2018年5月26日。

性的工作，不能“政府干，农民看”，只有充分发挥农民的主体性，才能解决好乡村振兴的可持续动力问题，让村庄的内外资源转化为村庄发展的源源不断的动力。

［本条目编写人：孙兆霞、张建、毛刚强，贵州民族大学马克思主义学院、怀化学院马克思主义学院、贵州民族大学社会学院］

二、压实全面推进乡村振兴责任

习近平总书记指出：“推进脱贫攻坚，关键是责任落实到人。”[①]为压实脱贫攻坚责任，中国共产党“以党建引领扶贫脱贫攻坚”[②]，构建起“中央统筹、省负总责、市县抓落实”的责任体系，使“大党治贫”成为中国特色减贫之路最本质的特征。[③]同时，为保证“一张蓝图绘到底”，脱贫攻坚期间保持贫困县党政正职稳定，做到不脱贫不调整、不摘帽不调离。此外，脱贫攻坚期间对党政干部实行最严格的考核评估，通过考核评估和整改督查巡查强化贫困治理的责任落实[④]。全面建成小康社会后，党的“三农”工作重心从脱贫攻坚转向乡村振兴。压实全面推进乡村振兴责任，既要借鉴压实脱贫攻坚责任的成功经验，又要根据乡村振兴在工作对象、目标任务、

---

① 习近平：《强化基础注重集成完善机制严格督察 按照时间表路线图推进改革》，《人民日报》2016 年 8 月 31 日。

② 孙兆霞：《以党建促脱贫：一项政治社会学视角的中国减贫经验研究》，《中国农业大学学报（社会科学版）》2017 年第 5 期。

③ 黄承伟等：《大党治贫：脱贫攻坚中的党建力量》，广东人民出版社 2021 年版，第 50 页。

④ 符平、卢飞：《制度优势与治理效能：脱贫攻坚的组织动员》，《社会学研究》2021 年第 3 期。

参与主体等方面的差别，调整组织架构、责任体系和政策配套，还要在相对统一的顶层制度设计下留给地方探索、创新操作路径的弹性空间。

压实全面推进乡村振兴责任的重要性

压实全面推进乡村振兴责任不仅是“五级书记一起抓乡村振兴”的必然要求，更是中国共产党以人民为中心的社会主义全面现代化能否实现的关键保障，其重要性主要体现在三个方面。第一，构建“可量化、能定责、可追责”的层级责任体系，形成乡村振兴的强大合力。压实全面推进乡村振兴责任，能够明晰中央和地方各级党政部门的责任清单，实现“条块结合，协调配合”，保证乡村振兴工作系统推进。第二，保持乡村振兴的历史耐心，避免急于求成、急躁冒进，坚守以人民为中心的政治定力。只有压实全面推进乡村振兴责任，才能使运动式、超常规、定时限的脱贫攻坚向日常化、制度化、长时期的乡村振兴转变，让各级领导干部步步为营、扎实推进。第三，夯实乡村振兴的党政干部人才队伍，激发基层干部的发展动力。当前部分县市乡村振兴局只是加挂一块牌子，但并无专职工作人员；部分基层干部在经历脱贫攻坚之后产生“缓一缓、歇一歇”的情绪，基层甚至出现“累的累死，闲的闲死”[①] 的怪相。只有压实责任才能促使他们积极主动地履行防止返贫的职责与义务，激发基层干部的创造性工作。

---

① 吕德文:《基层中国》，东方出版社 2021 年版。

压实全面推进乡村振兴责任的政策体系

为层层压实推进乡村振兴的责任，在贫困治理的“党政体制”[①]基础上，国家和地方层面不断完善、细化全面推进乡村振兴的法律法规与政策文件，逐步构建起实施乡村振兴战略的“四梁八柱”。

顶层设计方面，法律与政策文件连续出台。2018 年，《乡村振兴战略规划（2018—2022 年）》提出“强化地方各级党委和政府在实施乡村振兴战略中的主体责任”。2019 年，《中国共产党农村工作条例》在“考核监督”一章提出“健全五级书记抓乡村振兴考核机制”。2021 年，《乡村振兴促进法》这第一部以乡村振兴命名的基础性、综合性法律，“监督检查”一章明确“国家实行乡村振兴战略实施目标责任制和考核评价制度”。目前，浙江、广东等 13 个省相继出台了乡村振兴促进条例。2018—2022 年，每年的中央一号文件都强调乡村振兴的责任考核，从 2018 年“党委要结合本地实际，出台市县党政领导班子和领导干部推进乡村振兴战略的实际考核意见”到 2022 年明确提出“压实全面推进乡村振兴责任”。

同时，乡村振兴战略的专项考核评估文件也不断出台。如 2021 年 5 月印发的《关于向重点乡村持续选派驻村第一书记和工作队的意见》，5 月公布的《金融机构服务乡村振兴考核评估办法》，11 月印发的《衔接推进乡村振兴补助资金绩效评价和考核办法》。此外，为用好“监督检查”这个指挥棒，31 个省份制定年度重点工

① 张建：《中国贫困治理的党政体制及其效能研究——基于青海省 H 县脱贫攻坚实践的考察》，《中国农业大学学报（社会科学版）》2020 年第 6 期。

作和考核办法，建立资金奖补、用地指标、干部选任等激励约束机制，强化考核结果的运用。浙江省还在 2022 年 3 月率先出台《浙江省落实五级书记抓乡村振兴责任清单（试行）》。

总体来看，压实全面推进乡村振兴责任的政策体系呈现出三方面特征：第一，法律与政策文件同步出台，全面推进乡村振兴的法治与制度环境不断优化；第二，乡村振兴跟脱贫攻坚的衔接不断强化，各级党政部门的责任体系逐步建立；第三，各地乡村振兴责任考核办法更注重契合本地实际，如浙江作为乡村振兴示范省不断先行先试，而云南、贵州这样的西部省份则更注重巩固并拓展脱贫攻坚成果同乡村振兴有效衔接。

压实全面振兴乡村振兴责任的实现路径

当前，全面推进乡村振兴沿用了“中央统筹、省负总责、市县抓落实”的工作机制，但压实全面振兴乡村振兴责任面临新形势、新挑战。第一，乡村振兴的组织领导体系仍处于磨合期，部分省份“全面推进乡村振兴的工作职责主要集中在乡村振兴部门和农业农村部门，各级书记参与全面推进乡村振兴的领导体制有待加强”[①]。第二，乡村振兴资源配置向“集成示范点”过度集中，潜在形式主义、形象工程等问题，如不赶快压实责任可能造成国家资源浪费。第三，乡村振兴监督考核存在“重奖轻惩”的问题，更多的是对考核排名靠前的市县给予适当的政策、资金、项目激励。为此，建议

① 高强、曾恒源：《巩固拓展脱贫攻坚成果同乡村振兴有效衔接：进展、问题与建议》，《改革》2022 年第 4 期。

各地根据本地发展阶段和乡村发展面临的主要矛盾，尽快压实全面推进乡村振兴责任。

完善组织领导机制，构建“职责清晰、分级联动”的责任体系。一是根据“中央统筹、省负总责、市县乡抓落实”的农村工作领导体制，明确各级党政主要负责同志尤其是书记要作为第一责任人，把乡村振兴变成一把手工程，出台国家层面的指导性乡村振兴责任清单，层层压实乡村振兴责任。二是加强由党委和政府负责同志领导的乡村振兴专项小组或工作专班，形成稳定的乡村振兴议事协调平台。农村工作领导小组办公室每年分解包括乡村振兴在内的“三农”工作重点任务，落实到各责任部门，定期调度工作进展。对于乡村振兴责任清单中责任交叉、责任边界不清或尚未明确的责任进行兜底。三是强化基层服务型党组织建设，推进区域党建联合体建设，以党建引领拓展乡村产业振兴、社区服务、文化传承、生态文明建设等乡村振兴的主要维度，把党建与乡村振兴责任覆盖到支部、延伸到党员。

深入基层开展调查研究，确定“差异化、渐进式”乡村振兴责任目标。第一，深入基层开展调查研究，将其作为压实乡村振兴责任的重要方法论。制定长短期结合、类型差异化、多规合一的实用性乡村振兴规划，用实绩考核规划实施，不搞“一刀切”和统一模式，循序渐进地推进乡村振兴责任目标实现。第二，根据乡村振兴规划分解乡村振兴的年度目标与阶段目标，不搞层层加码。受城镇化和工业化影响比较大的农村地区将城乡融合压实为主要责任；以农业为主的农村地区将乡村产业发展和社会建设压实为主要责任；

脱贫摘帽地区的农村将巩固拓展脱贫攻坚成果压实为主要责任。[①]落实乡村振兴工作不随意拔高标准、增加基层任务，以法规制度促进层层负责。第三，将财政资金使用效率和群众满意度纳入乡村振兴责任目标。发挥财政投入引领作用，支持以市场化方式设立乡村振兴基金，撬动金融资本、社会力量参与，坚决杜绝“大水漫灌”、形象工程等浪费国家资源的行为。压实地方政府监管和风险处置责任，强化金融监管部门的监管责任。将乡村振兴中群众参与度、群众获得感和满意度纳入乡村振兴责任目标，充分激发群众参与乡村振兴的内生动力。

建立“适度容错，奖惩结合”的责任考核评估机制。一是出台国家层面的乡村振兴工作成效考核评估办法，由各级党委农村工作领导小组办公室牵头实施评估，评估时充分结合部门自评、群众测评、第三方评估等多种评估手段。对于县级以下政府部门和村干部，探索建立多部门联合考核机制。二是完善“奖惩结合”的乡村振兴责任清单，在乡村振兴第一线识别考察干部，把乡村振兴实绩作为选拔任用干部的重要标准、对于考评不合格的党政领导干部，严肃问责机制。既要避免只奖励“先进示范”的正向激励式考核评估，又要慎用“终身负责”“一票否决”的负向惩罚式硬性考核指标。三是探索乡村振兴基层干部容错纠错机制和“责任豁免”条款，鼓励、宽容干部在乡村振兴工作中改革创新的失误。加强党员干部作风建设和使命教育，提升干部队伍的政治担当和开拓创新精

① 李小云:《脱贫攻坚需要在五个方面实现与乡村振兴的有效衔接》,《中国农村经济》2021年第1期。

神，鼓励干部根据地区特征尤其是当地农业农村的具体实际，创新探索，求真求实，激发干部的能动性、创造性。

［本条目编写人：孙兆霞、宗世法，贵州民族大学马克思主义学院、社会学院］

三、建强党的农村工作机构

2018 年中央一号文件正式将坚持党管农村工作定位为乡村振兴战略实施的基本原则之一，强调要“毫不动摇地坚持和加强党对农村工作的领导，健全党管农村工作领导体制机制和党内法规，确保党在农村工作中始终总揽全局、协调各方，为乡村振兴提供坚强有力的政治保障”[①]。党的农村工作机构是保证党管农村、加强党对“三农”工作全面领导的战斗堡垒。建强用好党的农村工作机构能够确保党始终总揽全局、协调各方。如何建强党的农村工作机构首先需要深刻把握其背后的政治性、现实性以及长期性要求；其次需要了解和把握党领导“三农”工作机构的顶层设计；最后需要明确建强党的农村工作机构的实践路径。

建强党的农村工作机构的必要性

首先，建强党的农村工作机构是践行以人民为中心发展理念的政治性要求。中国共产党的初心和使命是为中国人民谋幸福、为中华民族谋复兴，始终坚持以人民为中心的发展理念是中国共产党

① 《中共中央国务院关于实施乡村振兴战略的意见》，《人民日报》2018 年 2 月 5 日。

的根基所在。改革开放以来，虽我国已成为世界第二大经济体，但城乡发展的不平衡，乡村人口相对于城市人口在发展机会、生活环境、社会保障制度等方面的较大差距始终是我国现代化发展的主要短板。习近平总书记曾指出："如果在现代化进程中把农村 4 亿多人落下，到头来'一边是繁荣的城市、一边是凋敝的农村'，这不符合我们党的执政宗旨，也不符合社会主义的本质要求。"[①] 由此观之，设立专门机构，带领广大农村人口同城市人口一起走向社会主义现代化道路，体现了中国共产党一切为了人民，将人民群众的切身利益作为自己工作的根本遵循的政治性要求。

其次，建强党的农村工作机构是为"三农"工作提供政治保证和组织保证的现实性要求。一是建设社会主义现代化国家最艰巨最繁重的任务依旧在农村，尤其是资源禀赋差的刚脱贫地区和人口。习近平总书记强调，"各级党委和政府要坚持工业农业一起抓、坚持城市农村一起抓，把农业农村优先发展的要求落到实处，在干部配备上优先考虑，在要素配置上优先满足，在公共财政投入上优先保障，在公共服务上优先安排"[②]。二是建强党的农村工作机构有助于坚持党对乡村振兴工作的集中统一领导，充分发挥中国特色社会主义制度能够集中力量办大事的政治优势，为乡村振兴工作确立共同意志形成共同行动，保证政策制度落实到位，保证党的"三农"工作方向不走偏。

① 习近平:《把乡村振兴战略作为新时代"三农"工作总抓手》,《求是》2019 年第 11 期。

② 《中央农村工作会议在北京举行》,《人民日报》2017 年 12 月 30 日。

第三，建强党的农村工作机构是实现乡村振兴战略目标的长期性要求。乡村振兴战略的目标任务是到2020年，基本形成制度框架和政策体系；到2035年取得决定性进展，基本实现农业农村现代化；到2050年，实现乡村全面振兴，农业强、农村美和农民富的全面实现。乡村振兴战略的根本目标是补齐农业农村发展短板，实现共同富裕，推动建成社会主义现代化国家。显然，不同于脱贫攻坚的短期攻坚，乡村振兴是关乎我国“三农”发展的长期战略。长期战略的实施必须依靠强大的专门机构提前部署、统筹谋划，才能以点带面，一步步贯彻落实，最终取得乡村振兴战略的全面胜利。由此，建强党的农村工作机构是乡村振兴本身作为长远发展战略的实际需求，保证了党的“三农”工作久久为功、持续发力。

党领导“三农”工作的机构设计

首先是有关党领导“三农”工作的机构设置与责任分工。根据《中国共产党农村工作条例》，要实行中央统筹、省负总责、市县乡抓落实的农村工作领导体制（见图1）。一是党中央全面领导农村工作，统一制定农村工作大政方针，统一谋划农村发展重大战略，统一部署农村重大改革，定期召开农村工作会议，部署农村工作以及出台指导文件。二是在党中央设立中央农村工作领导小组，负责牵头抓总、统筹协调农村工作以及督促落实党中央关于农村工作重要决策部署。三是在省（自治区、直辖市）、市（地、州、盟）、县（市、区、旗）各级党委设立农村工作领导小组，其中省、市级农村工作领导小组一般由同级党委副书记任组长，县级农村工作领导小组由县委书记任组长，党委农村工作领导小组要发挥“三农”工作牵头抓总、统筹协调等作用，一体承担巩固拓展脱贫攻坚成果、全面推进乡村振兴议事协调职责。四是农村基层党组织是宣传党的主张、贯彻党的决定、领导基层治理、团结动员群众、推动改革发展的坚强战斗堡垒。乡镇党委和村党组织全面领导乡镇、村的各类组织和各项工作。

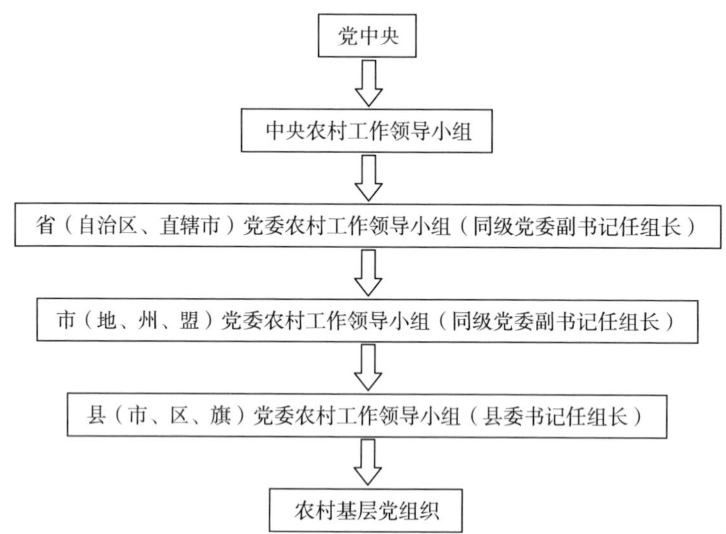

图 1　党的“三农”工作机构示意图（根据《中国共产党农村工作条例》绘制）

其次是党领导“三农”工作的队伍建设基本要求。“懂农业、爱农村、爱农民”是“三农”工作队伍建设的基本要求。早在 2013 年中央农村工作会议习近平总书记就提道，“党管农村工作是我们的传统。这个传统不能丢。各级党委要加强对‘三农’工作的领导，各级领导干部都要重视‘三农’工作，多到农村去走一走、多到农民家里去看一看，真正了解农民诉求和期盼，真心实意帮助农民解决生产生活中的实际问题，推动农村经济社会持续健康发展”[①]。一方面各级党委和政府主要领导干部要懂“三农”工作、会抓“三农”工作，分管领导要真正成为“三农”工作行家里手，避免纸上谈兵、忽视农村实际需要。另一方面，“三农”工作的推进与“三农”干部人才的培育是协同发展关系。通过干部人才队伍下乡以及政府部门间的横向经验交流，既有助于“三农”干部深入基层了解农村，又有助于在实干中提高执行力，不断推进“三农”干部队伍的治理体系和治理能力现代化。

最后是有关党领导“三农”工作的制度保障体系。一是建立实施乡村振兴战略领导责任制，党政一把手是第一责任人，五级书记抓乡村振兴。县委书记要下大气力抓好“三农”工作，当好乡村振兴“一线总指挥”。二是在监督考核方面实施目标责任制和考核评价制度。由上级人民政府对下级人民政府实施乡村振兴战略的目标完成情况考核，考核结果作为地方人民政府及其负责人综合考核评价的重要内容。各级人民政府及其有关部门在乡村振兴促进工作中不履行或者不正确履行职责的，都要依照法律法规和国家有关规定追究责任，对直接负责的主管人员和其他直接责任人员依法给予处分。

建强党的农村工作机构的实践路径

其一，要以习近平新时代中国特色社会主义思想武装头脑、指

① 中共中央文献研究室:《十八大以来重要文献选编》(上)，中央文献出版社 2014 年版，第 685-686 页。

导实践、推动工作。习近平总书记新时代中国特色社会主义思想是指导“三农”干部开展“三农”工作的思想引领，为如何建强党的农村工作机构，推动党对“三农”工作的全面领导提供了理论依据。关于党建引领的理论定位，习近平总书记强调“实现乡村振兴，关键在党”[①]，这为确保党领导的根本方向提供了明确的要求；关于党建引领的体制机制，习近平总书记提出，“要建立乡村振兴的领导责任制，并就强化各级党委和政府的责任做了系列论述，为强化各级党委和政府的责任明确了要求，指明了方向”[②]。总之，习近平总书记关于“三农”工作的论述是指导“三农”干部开展工作的根本遵循。如何将习近平新时代中国特色社会主义思想同乡村振兴相结合应当成为“三农”干部的当家本领。

其二，要推进各级党委农村工作领导小组议事协调规范化制度化建设。各级党委农村工作领导小组作为乡村振兴工作开展的主心骨，提高工作规范和工作能力是乡村振兴有效开展的前提。一是要不断完善责任体系、工作体系、政策体系、投入体系、帮扶体系、社会动员体系、监督体系、考核评估体系等乡村振兴一揽子推进机制。二是要建立健全重点任务分工落实机制。乡村振兴工作涉及巩固拓展脱贫攻坚成果、粮食安全、乡村治理、乡村建设以及乡村发展等多项内容，涉及多个政府工作部门，唯有落实科学分工，形成合力，才能高效推进。三是各部门要结合自身职能定位，明确工作思路，主动对表，积极作为。乡村振兴各部门分别承担不同的重点

① 《中央农村工作会议在北京举行》，《人民日报》2017年12月30日。

② 黄承伟：《党建引领乡村振兴的发展方向》，《乡村振兴》2021年第11期。

任务，部门负责人是乡村振兴工作开展的第一负责人，需要发挥主人翁意识，避免出现搭便车等现象导致乡村振兴政策执行偏差。

其三，要发挥农村基层党组织建设坚强堡垒作用。农村基层党组织是党在农村全部工作和战斗力的基础，抓基层、打基础是加强党对“三农”工作的全面领导的长远之计和固本之策。一是要健全以党组织为核心的组织体系，强化农村基层党组织核心地位。农村基层党组织带头人队伍是决定基层党组织向心力和群众凝聚力的关键，要选优配强镇、村党支部书记，不断增强基层党组织带头人的作风建设、纪律建设以及担当意识。二是要吸纳优秀科技人才、土专家、农村青年、创业骨干等乡村发展的骨干力量加入党组织，不断增强基层党组织的农村工作能力和先锋模范作用。例如河南省兰考县积极吸纳生产型人才、经营型人才、技能型人才、社会服务型人才进入基层党组织，有效解决乡土人才如何留下来问题的同时也增强了基层党组织的战斗能力。

［本条目编写人：唐成玲，中国农业大学人文与发展学院］

四、抓点带面推进乡村振兴全面展开

习近平总书记指出党员干部在开展工作的过程中“对当务之急，要立说立行、紧抓快办，不能慢慢吞吞、拖拖拉拉。对长期任务，要保持战略定力和耐心，坚持一张蓝图绘到底，滴水穿石，久久为功”[①]。乡村振兴战略旨在补齐农业农村现代化发展的短板，是

① 习近平：《筑牢理想信念根基树立践行正确政绩观 在新时代新征程上留下无悔的奋斗足迹》，《人民日报》2022 年 3 月 2 日。

一项长期战略计划。“三农”干部必须充分认识乡村振兴任务的长期性、艰巨性，在开展工作的过程中保持历史耐心，避免超越发展阶段，要统筹谋划、典型带动、有序推进，不搞齐步走战略。2022年中央一号文件明确了“抓点带面推进乡村振兴全面展开”的推进策略[①]，为如何开展乡村振兴指明了发展方向和前进路径。在乡村振兴的贯彻落实过程中需要理解抓点带面推进乡村振兴的必要性，了解抓点带面推进乡村振兴的具体制度体系。作为乡村振兴的先行示范必定会遭遇实践困境，优化路径的提出为接续推进乡村振兴提供路径参考。

抓点带面推进乡村振兴全面开展的必要性

其一，抓点带面推进乡村振兴是科学把握我国乡村区域差异，精准施策的现实选择。我国拥有广大的乡村地区，不仅存在城乡差异，还存在东西差异、南北差异，甚至同一地区内部也存在处于不同发展阶段的乡村。不同乡村发展程度的千差万别决定了中国乡村振兴战略的开展需要始终坚持精准施策、分步推进，这是中国乡村振兴道路的现实选择。早在2018年，《乡村振兴战略规划（2018—2022年）》就从总体布局上提出了梯次推进乡村振兴的三步走战略，一是东部沿海发达地区、人口净流入城市的郊区、集体经济实力强以及其他具备条件的乡村要发挥引领区示范作用，到2022年率先基本实现农业农村现代化；二是中小城市和小城镇周边以及广大平

① 《中共中央 国务院关于做好2022年全面推进乡村振兴重点工作的意见》，《人民日报》2022年2月23日。

原、丘陵地区的乡村要推动重点区加速发展，到 2035 年基本实现农业农村现代化；三是革命老区、民族地区、边疆地区、集中连片特困地区的乡村要聚焦攻坚区精准发力，到 2050 年如期实现农业农村现代化[①]。

其二，抓点带面推进乡村振兴是立足当前发展阶段，稳步推进乡村振兴的战略选择。我国拥有幅员辽阔的乡村地区，乡村振兴战略是针对近五亿乡村人口的系统工程、长远战略，必须立足当前国家发展阶段以及国内外发展形势统筹谋划。一是要科学评估财政承受能力、集体经济实力和社会资本动力，在经济运行的合理区间发展规划。二是要依法合规谋划乡村振兴筹资渠道，避免负债搞建设，防止刮风搞运动。乡村振兴的全面开展离不开资金要素这一源头活水，但在新冠肺炎疫情以及严峻国际形势的影响下，中央政府和地方政府都面临较大的资金压力。三是要合理确定乡村基础设施、公共产品、制度保障等供给水平，形成可持续发展的长效机制。在不了解乡村实际需求，尚未配备相关维护措施的情况下，盲目大拆大建抑或无差别供给乡村公共物品不仅容易与农民需求脱钩还会造成公共资源的浪费。

其三，抓点带面推进乡村振兴的目标指向是要激活乡村发展内生发展动力，推进可持续发展的长远规划。农业农村的现代化不仅仅是软硬件设施的现代化，更重要的是实现农民的现代化，扭转“一边是繁荣的城市，一边是凋敝的乡村”的发展走向。在乡村振

---

① 《乡村振兴战略规划（2018—2022 年）》，《人民日报》2018 年 9 月 27 日。

兴的过程中，逐渐激发和培育乡村主体的内生发展动力，激活乡村活力才是实施乡村振兴战略的根本目的。抓点带面推进乡村振兴旨在加强主体、资源、政策和城乡协同发力，充分发挥市场和社会的作用，避免政府大包大揽、避免代替农民选择，要在此过程中引导农民摒弃“等靠要”思想，形成系统高效的运行机制。

抓点带面推进乡村振兴全面展开的制度体系

第一，从推进范围来看，要开展“百县千乡万村”乡村振兴示范创建。具体采取先创建后认定方式，分级创建一批乡村振兴示范县、示范乡镇、示范村。“先创建后认定”的政策策略充分尊重并发挥基层首创精神，鼓励有条件、有想法的村庄、乡镇、区县先行先试，通过实践逐步探索出符合该地区的发展模式再加以推广，践行了中国共产党“一切从实际出发”“摸着石头过河”等改革发展精神。实践是检验真理的唯一标准，示范村、示范镇、示范区县摸索出的实践经验可以尽可能为其他地区的发展减少试错机会，星星之火可以燎原，一个个示范点将成为引领乡村振兴全面展开的方向和典范。

第二，开展农业现代化示范区创建。伴随城乡发展的不平衡，乡村人口不断向城市单向流入，“谁来种田”已经成为威胁国家粮食安全的重大隐患。农业的现代化发展为破解“谁来种田”的现实困境提供了解决路径。进一步提高农业的现代化水平不仅有助于缓解农村劳动力不足的现实瓶颈，而且有助于进一步提高农业生产效率、增加农业生产的标准化，从数量和质量两个维度提升农产品供给水平。大国小农背景下，小农农业依旧是我国农业发展的基本现实，开展农业现代化示范区创建为实现小农户与现代农业的有效衔接提供了着力点。在乡村进行农业现代化示范区创建，通过耳濡目染有助于增强农民对现代化农业的理解和认识，逐步拉近农民与现代农业的距离，为小农户与现代农业有效衔接创造条件和基础。

第三，动员社会力量参与乡村振兴。广泛动员社会力量参与乡村振兴，深入推进“万企兴万村”行动。在脱贫攻坚时期，我们构建了全社会参与脱贫攻坚的大扶贫格局，相比于脱贫攻坚，乡村振兴的目标地区更广，目标人群更多，政策实施更复杂，需要更多的资金、人力以及其他要素投入。通过“万企兴万村”等行动，广泛动员社会力量参与乡村振兴，共同构建充满活力的城市乡村共同体是乡村振兴得以胜利实施的必要条件。

抓点带面推进乡村振兴全面开展的实践困境与优化路径

通过示范试点先行先试，以点带面推进乡村振兴必然也会遭遇一些实践困境。比如一是样板村的无法复制，推广困难；二是部分示范点在实施的过程中重视“硬件建设”，打造“面子工程”，忽视了教育、养老、医疗等农民最为关心的乡村基本公共服务等“软件建设”；三是以城市思维建设农村，不仅忽视乡土文化传统，甚至片面的城市化倾向为农民的传统生产生活带来诸多不便；四是建设过程的不公开不透明造成农民内部矛盾和冲突加剧，进一步加剧了乡村的原子化困境；五是政府大包大揽，不注重农民主体性和创造性，千村一面、千户一面，破坏了乡村原有的多元价值。

在未来实践中，如何破解试点示范的实践困境，更好推进以点带面的实践效果。第一，坚持精准方略、分类施策。抓点带面推进乡村振兴的过程中需要把握不同地方各自在产业振兴、人才振兴、文化振兴、组织振兴、生态振兴等方面的优势和劣势，对症下药，逐步击破；要针对基层干部开展精准培训，不断增强“三农”干部的业务水平和治理能力。例如四川省青神县高台镇引入社会组织赋能村干部，针对各个村实际情况开展社会建设“一村一品”活动，有效缓解了经济发展的同时乡村精神文明建设缺失的短板。第二，坚持一切从实际出发，稳步推进。首先要从基本制度框架着手，制定一体化地方标准、健全体制机制和政策体系、组织开展农村公共服务发展状况评价、建立农村社会事业评价指标体系和发展评价指数，从而为乡村振兴的推进找准发展方向；其次要明确政府市场边界，充分发挥市场在资源配置中的决定性作用；最后要给予地方一定的空间、自主能力以及容错空间。第三，坚持广泛动员，集中力量办大事。乡村振兴是全民族的大事，不仅仅是某一个领域、某一个方面，需要凝聚形成更大的合力。一是要在乡村振兴中充分弘扬脱贫攻坚伟大精神，用精神凝聚人心，凝聚推动乡村振兴的强大合力；二是要建立乡村振兴表彰激励制度，用制度链接行动，通过建立相应的激励制度，不仅有助于营造良好的乡村振兴推进氛围，而且有助于将成为激励乡村振兴战略高效实施的动力源泉，不断激发“三农”工作者的奋斗动力和实践热情。例如河南省兰考县从村党支部书记“三破三解”改革、四面红旗村评选、“三有三强”选优配强驻村工作队三个维度为增强村党支部推进乡村振兴的战斗能力做出改革，真正树立了“干与不干不一样、干好与干坏不一样”的村干部工作导向，让村干部工资待遇有保障，职业发展有奔头，切实激发了村干部这一乡村“领头羊”的内生动力，夯实了全面推进乡村振兴的基层组织力量。

“三破三解”激励村党组织书记担当作为具体条例

一是打破村党组织书记入口天花板，鼓励全县符合条件的机关企事业单位干部职工（在职、二线、选派）和教师返村担任党组织书记，并对表现优秀的在考核晋级、转编、职级并行和干部选拔等方面优先考虑。

二是打破村党组织书记待遇天花板，实行村党组织书记“1234”报酬激励措施，每年分别评出一级、二级、三级、四级明星村（社区）党组织书记10名、20名、30名、40名，共100名，每月基本工作报酬分别参照县长（4550元）、副县长（4100元）、乡镇长（街道办主任）（3200元）、副乡镇长（街道办副主任）（2600元）实发工资发放（补齐差额），并分别按照每人每年12300元、11300元、8500元、7500元标准缴纳企业养老保险。

三是打破村党组织书记晋升天花板，每年从优秀村党组织书记中，通过规定程序，公开招聘10人纳入乡镇（街道）全供事业编制管理。

四是解决村党组织书记能力持续提升问题，通过高校合作持续组织村级干部开展学历教育。

五是解决集体经济发展资金问题，运用“双六工作法”，按照

“村集体贷款 + 政府贴息 + 村干部入股 + 党员群众参与”模式，切实解决村干部无钱干事问题。

六是解决村党组织书记购房、子女（孙子女）入学问题，为明星村（社区）党组织书记购房、子女或孙子女入学开辟“绿色通道”。

［本条目编写人：唐成玲，中国农业大学人文与发展学院］

第七章　促进农民农村共同富裕

【导读】

习近平总书记在中央财经委员会第十次会议上强调，“要促进农民农村共同富裕，巩固拓展脱贫攻坚成果，全面推进乡村振兴，加强农村基础设施和公共服务体系建设，改善农村人居环境”①。本章紧扣共同富裕，分4个条目，探讨了农民农村共同富裕、农民勤劳致富、新型农村集体经济发展、人民精神生活共同富裕的政策走向与实现途径。

习近平总书记指出，“党的十八大以来，党中央把握发展阶段新变化，把逐步实现全体人民共同富裕摆在更加重要的位置上，推动区域协调发展，采取有力措施保障和改善民生，打赢脱贫攻坚战，全面建成小康社会，为促进共同富裕创造了良好条件。现在，已经到了扎实推动共同富裕的历史阶段”②。在促进农民农村共同富裕的问题上，主要立足于将农村依然作为促进共同富裕最艰巨最繁

① 习近平:《在高质量发展中促进共同富裕 统筹做好重大金融风险防范化解工作》,《人民日报》2021年8月18日。

② 习近平:《扎实推动共同富裕》,《求是》2021年第20期。

重的任务层面，清晰认知促进农民农村共同富裕是扎实推动全体人民共同富裕的重点任务之一。当前，应以乡村振兴促进农民农村共同富裕，加强党对“三农”工作的领导、大力发展新型农村集体经济、全面提升乡村治理水平；使更多农村居民勤劳致富，注重农村集体经济的发展与壮大、发挥农村龙头企业的带头作用、促进城乡之间的融合发展；发展壮大新型农村集体经济，因地制宜、合理规划、稳步推进、协同发力；促进人民精神生活共同富裕，不断提升农村居民的精神生活面貌。

一、以乡村振兴促进农民农村共同富裕

习近平总书记指出，“共同富裕是社会主义的本质要求，是中国式现代化的重要特征，要坚持以人民为中心的发展思想，在高质量发展中促进共同富裕”①。实现农民农村共同富裕，是巩固脱贫攻坚成果与全面推进乡村振兴的必然要求，也是实现共同富裕目标要求的坚实基础。促进共同富裕，最艰巨最繁重的任务仍然在农村。以乡村振兴促进农民农村共同富裕，必须加强党对“三农”工作的领导，大力发展新型农村集体经济，全面提升乡村治理水平，扎实有序做好乡村发展、乡村建设、乡村治理工作，推动乡村振兴取得新进展、农业农村现代化迈出新步伐。

---

① 习近平：《在高质量发展中促进共同富裕 统筹做好重大金融风险防范化解工作》，《人民日报》2021年8月18日。

乡村振兴促进农民农村共同富裕的政策体系

促进农民农村共同富裕视角的乡村振兴政策体系指向乡村振兴总要求中的“生活富裕”要求，主要涵盖了法制体系方面、标准体系方面和监督体系方面的有关的政策。

一是法制体系方面。党的十八大以来，农业农村部配合全国人大常委会先后出台了农村土地承包法、土地管理法、种子法、动物防疫法、长江保护法、生物安全法等一批法律。实施乡村振兴战略以来，我国出台了2022年中央一号文件《中共中央 国务院关于做好2022年全面推进乡村振兴重点工作的意见》《中华人民共和国乡村振兴促进法》等法律文件。这些法律文件涵盖了农村基本经营制度、农业产业发展和安全、农业支持保护、农业资源环境保护等领域，进一步明确了各级政府及有关部门推进乡村振兴的职责任务，同时针对乡村产业、人才、文化、生态、组织等振兴中的重点难点问题提出了一揽子举措，为促进农民农村共同富裕提供了法律保障。

二是标准体系方面。推进实施乡村振兴战略以来，各地在扎实推进乡村振兴政策执行的同时，还对乡村振兴战略的实施进程和成果进行量化评价，因地制宜地不断构建科学完备的指标评价体系。以陕西省为例，2020年出台了《陕西省乡村振兴标准体系建设规划（2021—2025年）》，依据产业振兴、人才振兴、文化振兴、生态振兴、组织振兴等方面，立足国内相关行业标准的修订和制定，通过提炼量化指标，形成具有陕西特点与优势的可复制、可推广的理论成果和建设经验，构建标准体系，使乡村振兴的各个环节有标可依，确保乡村振兴战略实施过程更加科学、高效，有助于各级政府为实现农民农村共同富裕采取更有针对性的政策。

三是监督体系方面。近年来，为了保障乡村振兴战略的深入实施，各地普遍加大了对基层监督的投入力度，并通过开展一系列专项行动，持续整治群众身边腐败问题和不正之风，群众获得感不断增强，为促进农民农村共同富裕保驾护航。在健全党统一领导、全面覆盖、权威高效的监督体系要求下，各地纪检监察机关充分发挥监督保障执行、促进完善发展作用，不断加强对乡村振兴重点项目推进情况监督检查，监督下沉、监督落地，通过提级监督、清单式监督、片区协作、巡审联动、“互联网 + 大数据”监督等方式，加强统筹调度，强化监督合力，确保了党中央决策部署落地见效，为促进农民农村共同富裕提供强有利的政策支持。

乡村振兴促进农民农村共同富裕的实践成效

乡村振兴战略实施以来，各地各有关部门按照党中央、国务院的部署要求，聚焦重点、聚集资源、聚合力量，全力抓好各项措施落实，乡村振兴实现了良好开局，在促进农民农村共同富裕方面取得重大成效。

脱贫攻坚如期实现奠定了促进共同富裕的基础。不让一个人掉队，不让一个区域落下，不让一个民族滞后是党中央向人民作出的庄严承诺。党的十八大以来，党中央团结带领人民同贫困做长期斗争，如期实现了消除绝对贫困的艰巨任务。到 2020 年年底，现行标准下9899万农村贫困人口全部脱贫，832个贫困县全部摘帽，12.8万个贫困村全部出列，贫困地区农村居民人均可支配收入达12588元，全国14多亿人民、56个民族共享全面小康的幸福生活。在经济发展、综合国力和人民生活水平持续提升的向好局面下，进一步夯实了促进共同富裕的基础。

农业升级转型加快提升了促进共同富裕的动力。加快农业转型是时代所赋予的现实要求，是我国新农村建设的重点工作。实施乡村振兴战略以来，我国更加注重强化农业科技支撑，让科技成为农业转型升级的新动力。在当前现代农业发展中，应用的农作物化控技术、生物防治技术、节水保水技术、农业信息技术等，解决了诸多农业技术难题，实现了机械化、科技化、可持续的农业生产，让广大农民逐步告别“面朝黄土背朝天”的辛劳，极大地解放了农村生产力，农业升级转型加快提升了促进共同富裕的动力。

乡村建设扎实推进完善了促进共同富裕的环境。乡村振兴战略持续发力，农村人居环境、基础建设、公共服务等社会事业实现重大进展。围绕农村人居环境整治开展的厕所革命、村庄清洁行动广泛开展，乡村面貌得到显著改善。农村基础设施投入力度加大，硬化路、动力电、4G网基本实现行政村全覆盖，农民的生产生活条件更加便利。农村公共服务不断改善，建立了城乡统一的居民基本养老、基本医疗和大病保险制度，更好实现了幼有所育、学有所教、劳有所得、病有所医、老有所养、住有所居、弱有所扶。通过补短板惠民生打造宜居农村，农村地区正迸发出实现共同富裕的巨大活力。

乡村振兴促进农民农村共同富裕的现实问题

党的十九大以来，实施乡村振兴战略取得了显著成就，但是值得注意的是，促进农民农村共同富裕仍面临着许多现实问题。

第一，新型农村集体经济薄弱，引领带动作用不明显。新型农村集体经济高质量发展为实现农民农村共同富裕提供强劲动力。但现实地看，目前我国新型农村集体经济组织规模较小，可利用的资源相对有限，且主要以非经营性资产为主，地区间差异较大，产业链条短、附加值低，相较于工商业等竞争性行业，集体经济综合竞争力明显不足。由于新型农村集体经济发展水平低，导致创造的高质量就业机会相对有限，难以带动农民实现更加充分更高质量就业，相较于城市居民，对农民提高收入水平的作用也明显偏弱，带动引领农民农村共同富裕的作用不明显。

第二，农村建设水平相对滞后，支撑保障体系不健全。党的十八大以来，我国农村基础设施建设全面提速、基本公共服务水平大幅度提高。但从全面建设社会主义现代化国家的战略安排，从促进农民农村共同富裕的目标来看仍显不足，农村基础设施建设及基本公共服务供给同城市的差距依然较大，民生保障仍然存在短板。农村人居环境仍有待改善，乡村学校和卫生院“硬件弱、优秀人才少”的问题不同程度存在，社会化养老、公共文化服务明显滞后，难以更好满足农民对美好生活的需要，限制了农民发展权利，滞缓了农民农村共同富裕的步伐。

第三，农村人才流失严重，促进共同富裕缺乏人才支撑。农村空心化、农民老龄化的问题严重，部分村庄依然出现缺乏活力和生机的现象，大部分年轻人进城务工，农村的留守儿童和留守老人较多，在一定程度上阻碍了农村的建设与发展，出现了农房和土地闲置的情况。参与乡村治理、乡村建设的专业性人才和乡土人才较少，出现城市人才不愿意下乡工作的情况，这表明农村对于人才资本的投入不够、人才激励政策还有待健全。党对于“三农”工作的领导有待加强，部分农村基层党组织软弱涣散，党员干部不作为等情况也有不同程度的存在。

乡村振兴促进农民农村共同富裕的有效举措

促进共同富裕，最艰巨最繁重的任务仍然在农村。习近平总书记强调:“乡村振兴不是坐享其成，等不来、也送不来，要靠广大农民奋斗。”[①] 以乡村振兴促进农民农村共同富裕要从以下几个方面着手:

一是要加强党对“三农”工作的领导，为实现农民农村共同富裕提供根本保障。“火车跑得快，全靠车头带”，“给钱给物，不如建一个好支部”。党管农村工作是我们党的优良传统，办好村里的事，关键在党支部一班人。实现农民共同富裕，必须选好带头人。各级领导干部要加强对“三农”工作的重视，要多到农村走一走、多去农民家里看一看，真正了解农民对共同富裕的诉求与期盼。要选优配强基层党组织书记，精准选派第一书记和驻村干部，农村基

① 习近平:《坚持新发展理念打好“三大攻坚战”奋力谱写新时代湖北发展新篇章》,《人民日报》2018 年 4 月 29 日。

层党组织要注重培养选拔有干劲、会干事、能干事、干真事、真干事的人担任村干部，提高党在农民农村共同富裕中把方向、谋大局、定政策、促改革的能力和定力，让全体农民在党的领导下实现共同富裕。

二是要大力发展新型农村集体经济，为实现农民农村共同富裕奠定物质基础。产业兴旺是解决农村一切问题的前提，要将因地制宜、精准施策作为发展村级集体经济的基本原则，努力把发展村级集体经济放在心上、抓在手上，发展优势产业，促进一二三产业融合发展，更多更好惠及农民农村，推动村级集体经济从无到有、从有到优，让农民实现在家门口就业增收，让村级集体经济成为农民的“摇钱树”，不断为农民共同富裕提供“造血”功能，以村级集体经济的发展来带动农民增收与集体致富的“双赢”，让全面推进乡村振兴落地见效。

三是要全面提升乡村治理水平，为实现农民农村共同富裕营造良好氛围。共同富裕包括物质富裕和精神富裕，要完善农村文化设施，提升农村文化公共服务的制度供给，提高乡村文化软实力，打造农村精神文化高地，让更多农民在“身有所栖”之后“心有所寄”。要传承提升发展优良的农耕文化，倡导精神文明，弘扬社会主义正能量，妥善解决农村矛盾纠纷，形成文明乡风、良好家风、淳朴民风的社会氛围，促进农村社会和谐稳定，奋力开创全面推进乡村振兴工作新局面。

［本条目编写人：燕连福，西安交通大学马克思主义学院］

二、使更多农村居民勤劳致富

习近平总书记指出："幸福生活都是奋斗出来的，共同富裕要靠勤劳智慧来创造。"[①]共同富裕绝不是轻轻松松、敲锣打鼓就能实现的，而是要在一代代人民群众勤劳致富、接续奋斗中完成。党的十九大报告指出，"我国社会主要矛盾已经转化为人民日益增长的美好生活需要和不平衡不充分的发展之间的矛盾"[②]。新时代背景下，实现共同富裕就是人民对美好生活的追求。而不平衡不充分的发展则表明，我国城乡、区域发展之间依旧存在一定差距，农民农村仍旧是推进共同富裕的薄弱环节。

农村居民勤劳致富的政策体系

让农村居民的"钱袋子"鼓起来是促进农民农村共同富裕的目标，而持续稳定的政策环境则是农村居民得以勤劳致富的重要保障。根据《中共中央 国务院关于实施乡村振兴战略的意见》《关于深入实施农村创新创业带头人培育行动的意见》等文件，可以发现促进农村居民勤劳致富有以下政策体系。

一是建立健全了农村居民收入稳定增长的机制。各级人民政府不断完善农村居民种粮收益保障机制，出台稳定玉米、大豆生产者补贴和稻谷补贴政策，鼓励家庭农场、农民合作社等新型产业化龙头企业多种粮、种好粮。支持农村发展电子商务企业、农民合作

① 习近平：《扎实推动共同富裕》，《求是》2021年第20期。

② 习近平：《习近平谈治国理政》（第三卷），外文出版社2020年版，第9页。

社、农业专业化社会化服务组织等，进而拓宽农村居民的增收渠道，使农村居民经营性收入、财产性收入和转移收入占比增加，切切实实让农村居民的“钱袋子”鼓起来。

二是着重培育新型职业农民，增强农村居民致富能力。各级人民政府实施新型职业农民培育工程，组织农村居民大规模开展职业技能培训。构建适应现代农业发展需要的科学培育体系，进一步明确培育主体，丰富培育内容，制定有针对性的培育方案。支持新型职业农民通过弹性学制参加中高等农业职业教育，鼓励农民合作社、专业技术协会、农村龙头企业等主体承担培训职能，鼓励农业园区、农村创业园区为新型职业农民提供实习基地和创业孵化基地。从“老农人”到“新农人”，农村居民通过学习相关职业技能，增强了勤劳致富的能力。

三是完善农民就地就近就业创业的政策支持。各级人民政府认真贯彻各类农村居民稳岗就业政策，保障农村居民就地就近就业创业。以“回归农业稳定一批、工程项目吸纳一批、创新业态培育一批、扶持创业带动一批、公益岗位安置一批”为重点，采取多种形式切实帮助农村居民增加就业岗位，稳定收入来源。此外，各地政府还设立农村居民就业补助资金和一次性创业补贴资金，落实支农支小政策，解决农村居民就业创业的实际问题。

促使农村居民勤劳致富的实践成效

乡村振兴战略实施以来，在党中央、国务院关于农村居民勤劳致富的总体部署下，在各级人民政府出台相关促使农村居民勤劳致富政策带动下，农村居民勤劳致富取得了重大成效。

农村居民人均可支配收入实现稳定增长。小康不小康，关键看老乡。习近平总书记强调，“农业农村工作，说一千、道一万，增加农民收入是关键”①。乡村振兴战略实施以来，农村居民收入实现稳定增长，收入来源更加多元化，包括务农收入、工资性收入、经营性收入、财产性收入和转移性收入等收入方式。截至 2021 年，农村居民人均收入达到 18931 元，与 2017 年相比增长 29.04%，增速连续 12 年高于城镇居民。农村居民的口袋鼓了起来，幸福感、获得感、安全感也得到了增强。

农村涌现更多“新农人”助力农民致富创收。近年来，数以百万计的“新农人”返乡就业创业，成为帮助农村居民致富创收的“领头羊”。他们拥有更加现代化的农业生产技术、善于对农产品进行品牌化的运作，懂得将农村居民组织起来抱团取暖，形成合力，赋予传统农业全新活力。根据农业农村部数据统计，截至“十三五”末，返乡创新创业人员达到 1010 万人，比 2019 年增加 160 万人，同比增长 19%。平均每个返乡创新创业项目可以吸纳 6.3 人稳定就业、17.3 人灵魂就业，并通过采用契约、分红、股份等形式，将产业增值收益留给农民。

促使农村居民勤劳致富的现实问题

在促使农村居民勤劳致富的道路上，尽管已经取得了一定成

① 习近平:《切实把新发展理念落到实处 不断增强经济社会发展创新力》,《人民日报》2018 年 6 月 15 日。

效，但同样也面临着诸多现实问题。

一是新型农村集体经济薄弱，带领农民勤劳致富能力不突出。要实现农民农村共同富裕，需要推动新型农村集体经济高质量发展。但实际情况是，农村集体经济组织可利用的资源相对有限，规模普遍偏小，且主要以非经营性资产为主，地区间差异较大，相较于工商业等竞争性行业，集体经济综合竞争力明显不足。而农村新型集体经济发展内生增长动力不足，创造的经济社会价值有限，难以起到主导作用，带动引领农村居民致富创收的作用不明显。

二是农村产业融合发展水平偏低，带动农民增收作用不明显。当下，我国农村一二三产业融合发展水平低，创造的高质量就业机会相对有限，难以带动农民实现更加充分更高质量的就业。以家庭经营为主的农业产业也表现出总量小、人均产值低、附加值低的特点，促进农业全面升级作用有限。2020 年我国第一产业人均创造的国内生产总值为 4.39 万元，分别仅为第二、第三产业的 24%、28%。因此，一二三产业融合发展水平低，限制了农民农村共同富裕的实现。

三是城乡区域发展差距较大，带给农民勤劳致富机会不够多。发展不平衡不充分的问题是实现全体人民共同富裕的障碍。具体来看，尽管近年城乡居民可支配收入比有所缩小，但仍处于 2.56∶1 的不平衡状态，短时间难以抚平。区域之间的发展差距也正在以传统的“东西”差距为主向“东西”差距和“南北”差距并存转变。此外，不同区域之间、农村内部不同群体之间收入分配差较大的问题。如 2020 年，全国贫困地区农村居民人均可支配收入仅为农村居民人均可支配收入的73.48%，相对贫困问题可能成为农民农村共同富裕的又一现实挑战。

促使农村居民勤劳致富的有效举措

在未来，促使农民勤劳致富必须注重农村集体经济的发展与壮大、发挥农村龙头企业的带头作用、促进城乡之间的融合发展，进而为农村居民勤劳致富创造更加优渥的条件。

一是注重农村集体经济，夯实农村居民共同富裕基础。要发展壮大新型农村集体经济，做大新型农村集体经济“蛋糕”，为农民农村共同富裕创造条件。首先，促进农村集体经济数字化转型，促进数字技术与农村集体经济深入融合，将数字技术优势转化为农村集体经济发展优势，发挥对农村居民共同富裕的支撑作用。其次，以乡村振兴为契机，积极引导新型农村集体经济组建混合所有制经营实体，盘活农村闲置资产，激发农村内部资源要素活力，增加农村居民收入渠道。最后，提升农村集体经济的农业质量效益与竞争力，增强农村集体经济发展韧性和吸纳就业的能力，为农村居民勤劳致富创造更多的机会。

二是发挥企业带动作用，推动农村产业融合发展。农业产业化龙头企业是带动农村居民实现更高质量更加充分就业，提高农村居民收入水平的重要载体。一方面，创新家庭农场、农民合作社、小农户和农业产业化龙头企业利益联结机制。扩大小农户合理分享全产业链增值收益比例等，带动更多小农户提高收入水平。另一方面，推进农业产业化领域投融资体制机制创新，引导信贷资金向农业农村流动。发挥财政资金的撬动作用，利用市场机制吸引工商企业、外资、民间资本等共同促进农业产业化发展，解决涉农主体“融资难”问题。

三是提振乡村发展动能，高质推进城乡之间融合发展。持续的城乡区域发展不平衡不充分会不断拉大两者之间的差距。推动农民农村共同富裕，还需要在高质量促进城乡融合发展上发力。一方面，加大乡村振兴投入力度，提升乡村发展能力。稳妥有序推进农村集体经营性建设用地入市，构建有利于农民农村共同富裕的土地增值收益分配机制，稳步提高土地出让收入用于农业农村的比例。另一方面，实施有利于劳动力、技术、资本等要素向乡村流动的措施，促进城乡要素自主有序流动。构建“能进能出、自由流动”的农村要素市场运行机制，提高乡村劳动力、数据等资源要素配置效率，激发乡村发展动力和活力，提高城乡平衡发展水平。

［本条目编写人：燕连福，西安交通大学马克思主义学院］

三、发展壮大新型农村集体经济

党和政府历来高度重视发展农村集体经济，发展壮大集体经济是中国共产党领导新中国“三农”工作的历史经验的重要一条。党的十八大以来，习近平总书记高度重视集体经济发展，认为发展集体经济是实现农民共同富裕的重要保证①，清晰地指出了发展壮大农村集体经济与共同富裕的关系。发展新型集体经济，是习近平在不

① 习近平：《走中国特色社会主义乡村振兴道路》，载《论坚持全面深化改革》，中央文献出版社 2018 年版，第 399 页。

同场合反复强调的重要论述，也是习近平新时代中国特色社会主义经济思想的重要组成部分。当前，要大力发展壮大新型农村集体经济，立足于相关政策体系，分析当前新型农村集体经济发展所面临的实践困境，并提出相应的创新政策。

发展壮大新型农村集体经济的紧迫性与重要性

2018 年 9 月，习近平总书记在十九届中共中央政治局第八次集体学习时指出，“要把好乡村振兴战略的政治方向，坚持农村土地集体所有制性质，发展新型集体经济，走共同富裕道路”[①]。2019 年全国两会期间，习近平在参加河南代表团审议时指出，要“发展壮大新型集体经济，赋予双层经营体制新的内涵”。[②]党的十九大以来，对于发展壮大集体经济路径与机制，党和政府做出了进一步的部署。党的十九大在部署实施乡村振兴战略时，强调要“巩固和完善农村基本经营制度，深化农村集体产权制度改革，保障农民财产权益，壮大集体经济”[③]。《中共中央 国务院关于实施乡村振兴战略的意见》提出，要“探索农村集体经济新的实现形式和运行机制”[④]。党的十九届四中全会强调，要“发展农村集体经济，完善农村基本

① 习近平:《把乡村振兴战略作为新时代“三农”工作总抓手 促进农业全面升级农村全面进步农民全面发展》,《人民日报》2018 年 9 月 23 日。

② 《习近平李克强王沪宁韩正分别参加全国人大会议一些代表团审议》,《人民日报》2019 年 3 月 8 日。

③ 《党的十九大报告辅导读本》，人民出版社 2017 年版，第 31—32 页。

④ 《中共中央国务院关于实施乡村振兴战略的意见》,《人民日报》2018 年 2 月 5 日。

经营制度”[①]。这一系列重要论述，从党和国家的战略高度、最高层面深刻地指明了发展壮大新型农村集体经济与实现共同富裕、推进乡村全面振兴的内在联系，将其提升到了事关实现共同富裕和乡村振兴战略实施的政治高度上来，释放出了强烈的改革信号，充分凸显了新时代创新发展壮大新型农村集体经济的紧迫性和重要性。

发展壮大新型农村集体经济的政策体系

1. 主要政策

发展壮大新型农村集体经济相关政策的顶层设计主要有两大类，一类是巩固脱贫攻坚成果和乡村振兴相关政策中的战略部署，主要分布在2018年《中共中央 国务院关于实施乡村振兴战略的意见》、2018年中共中央、国务院印发的《乡村振兴战略规划（2018—2022年）》、2019年《中共中央 国务院关于坚持农业农村优先发展做好“三农”工作的若干意见》、2020年《中共中央 国务院关于抓好“三农”领域重点工作确保如期实现全面小康的意见》、2021年《中共中央 国务院关于全面推进乡村振兴加快农业农村现代化的意见》、2021年《中华人民共和国乡村振兴促进法》、2022年《中共中央 国务院关于做好2022年全面推进乡村振兴重点工作的意见》等文件中。另外一类是专项政策，如2019年农业农村部《关于进一步做好贫困地区集体经济薄弱村发展提升工作的通知》、2020年农业农村部《农村集体经济组织示范章程（试行）》、2015年财政部

① 《中共中央关于坚持和完善中国特色社会主义制度、推进国家治理体系和治理能力现代化若干重大问题的决定》，《光明日报》2019年11月6日。

《扶持村级集体经济发展试点的指导意见》等文件。

2. 政策内容

一是党建引领。2018 年年底颁布实施的《中国共产党农村基层组织工作条例》和 2019 年实施的《中国共产党农村工作条例》进一步指出党的农村基层组织应因地制宜推动发展壮大集体经济，领导和支持集体经济组织管理集体资产，以及坚持农村基层党组织领导的核心地位，大力推进村党组织书记通过法定程序担任村民委员会主任和集体经济组织、农民合作组织负责人，推行村“两委”班子成员交叉任职①。可见，坚持党建引领是发展壮大农村集体经济的关键，选优配强村级党组织带头人是一项十分重要的工作，在做好思想建设、组织建设、作风建设的同时，还要提升村级党组织负责人的经济发展能力，以便更好地发展新型农村集体经济。

二是创新改革。农村集体经济组织的发展，关键之一是推进农村集体产权制度改革，赋予组织成员更多的财产权利，明确产权归属，激活各类生产要素。创新政府扶持方式，通过修改完善政策、法律法规，深化农村集体产权制度改革，改善集体资产管理制度，赋予农村集体资产权能，优化一二三产业融合发展产业链，发展壮大集体经济。创新集体经济发展模式，促使集体经济实现差异化发展，拓展集体经济发展空间，促进集体经济组织有效实现形式多样化。

三是生产要素有效聚合。引进有潜力的乡村人才，增强内生

① 参见《中国共产党农村基层组织工作条例》，中国法制出版社 2019 年版，第 4 页；《中国共产党农村工作条例》，人民出版社 2019 年版，第 1 页。

性动力。鼓励农民以土地、劳动力等方式参与进集体经济发展过程中，实现内源参与式发展，为集体经济建设提供发展空间。以市场化、股份化、规模化、产业化、融合化等方式，促进资本、信息、科技、文化等生产要素向农村流动，有效盘活农村集体资产、资源，走产业带动、政策驱动、多方联动等多元化、特色化发展新型农村集体经济的路子。突破传统思维定式，统筹城乡协调发展，积极探索村社联合、“强村 + 弱村”“企业 + 弱村”“商会 + 弱村”的抱团发展模式，构建长效帮扶机制，开展项目合作、产品配套、资产出租、农副产品配送、技术支持等，促进以城带乡、以村带村、以强带弱、以点带面，实现优势互补、资源共享、共同发展。

四是规范管理。赋予新型农村集体经济组织市场法人地位，便于进入市场运作，开展经营活动。针对集体经济组织中管理混乱、不规范、财务不清等现象，健全村集体“三资”管理制度，推行农村集体“三资”委托代理服务，健全村级财务制度，强化“三资”监督机制，推进“三资”信息化管理，提高集体“三资”使用透明度，规范村级集体经济组织经营行为，有效防范和及时化解经营风险。

五是合理分配。在明确产权归属和农民参与共享权益的基础上，探索村级集体经济组织土地入股、管理与服务入股等方式，形成集体所有与个体享有相结合的分配结构。通过正式规则（章程），探索实现“按劳分配”和“按股分红”相结合的收益分配新方式。健全村级组织负责人等个人激励机制，解决农村集体经济组织人员的后顾之忧，强化监管，避免内部人员因心理不平衡出现想方设法侵占集体资产的行为。

发展壮大新型农村集体经济的实践困境

尽管新型农村集体经济组织有着诸多的优越性。[①]但在调研中发现，不少地方都存在集体经济发展不充分问题，结合文献研究和实证调研，目前存在困境主要有：

一是内生动力不足。无论脱贫地区还是一些发达地区，不少新型农村集体经济发展依赖于政策扶持和社会帮扶。但在乡村振兴战略实施过程中，在持续加大政策帮扶和社会帮扶的基础上，以村集体组织动员为基础的内生发展、内源增长是必由之路。但由于长期农村精英流失严重和人才不足，村集体内部组织动员能力下降已成普遍问题。资源禀赋不足、村干部能力制约、缺乏人才支撑等都是导致内生动力不足的因素。[②]

二是产业形态单一。随着乡村振兴战略的全面推进，工农互促城乡互补协调发展、共同繁荣的新型工农城乡关系也将逐步形成，一二三产业融合趋势加快。但不少地方农村产业项目发展处于初级阶段，产业类型单一，产业链延伸不足，农业产品附加值偏低，受制于基础设施条件、人口、产业、信息集聚能力有限等因素，产业融合缓慢，城乡融合发展格局尚未形成。

---

① 李祥祥:《新型农村集体经济的优越性及理性认知》,《山西农业大学学报(哲学社会科学版)》2015 年第 2 期。

② 贺卫华:《乡村振兴背景下新型农村集体经济发展路径研究——基于中部某县农村集体经济发展的调研》,《学习论坛》2020 年第 6 期。

三是政策限制与执行。在以生态文明建设为构成内容的“五位一体”发展格局下，实现经济社会均衡有序发展。但客观上也对新型农村集体经济带来了土地政策和环保政策等限制性因素。由于新型农村集体经济因资金量小，产业层次低，比较收益和竞争力相对较弱，需要政府在资金、技术、土地等方面大力扶持。然而，笔者在中部某县调研发现，政府对新型农村集体经济发展投入资金较多，而土地要素投入明显不足。一些村发展新型农村集体经济所需环评等手续，两年都批不下来。[①]新型农村集体经济发展是一个系统工程，需要党、政府、市场力量、村居社区协同发展，但由于长期存在多元主体协同发展格局尚未形成，部门间政策协调难度大，难以形成支持合力。地方政府经济社会规划与政策落实“城市中心论”倾向严重，对农村经济特别是新型农村集体经济发展规划引领不足。

发展壮大新型农村集体经济的政策创新

发展壮大新型农村集体经济是一项久久为功的工作，急不得也慢不得，需要因地制宜、合理规划、稳步推进、协同发力。

1. 以补短板为基础激发内生动力。针对造成内生动力的各种因素，以县域为基础做好新型农村集体经济发展规划，要坚持“缺什么补什么”的思路，做好已有集体经济发展的政策支持和帮扶工作。尤其是通过市场帮扶、社会帮扶、志愿帮扶、结对帮扶等各类

① 贺卫华:《乡村振兴背景下新型农村集体经济发展路径研究——基于中部某县农村集体经济发展的调研》,《学习论坛》2020 年第 6 期。

方式，做好人才、金融、科技、思想观念、市场等帮扶工作，以股份合作制改革，激发内生动力。

2. 创新新型集体经济形式。传统农业村庄应充分利用农业基础优势，通过发展设施农业、生态农业、特色农产品种植，发展壮大新型农村集体经济。在此基础上，延伸农产品加工业、农村电子商务和农村物流，促进一二三产业融合，通过延伸农业产业链、提升价值链、打造供应链，提高农产品效益和附加值。全国精准扶贫首倡地湖南省花垣县十八洞村，在精准扶贫与乡村振兴过程中，通过经营十八洞村品牌这一无形资产培育村庄核心竞争力，探索“资金跟着穷人走、穷人跟着能人走、能人跟着产业项目走、产业项目跟着市场走”的“四跟四走”新机制，通过成立集体经济组织，创设参与式的共享经济模式[①]。

3. 强化政策帮扶力度。从总体上看，新型农村集体经济还在起步阶段，要在全面贯彻落实乡村振兴相关政策基础上，进一步推进改革创新，破解资金、土地、人才等各种瓶颈制约，增强新型农村集体经济发展的内生动力。统筹城乡建设用地规划，把乡村发展纳入建设用地规划，增加乡村建设用地指标，建立健全农村集体建设用地上市交易机制，促进人才、土地、资金、产业、信息等各类要素更多向乡村流动。调整和完善财税金融、环境保护政策，优化支持性政策，破解限制性政策因素，为发展壮大新型农村集体经济提供更多的政策帮扶。

---

① 根据笔者所在课题组所承担的国家乡村振兴局委托课题“十八洞村精准脱贫案例总结”调研资料与报告改变而成。

4. 走共同富裕之路。鼓励企业和农民合力使用资本及生产要素，以实现更紧密的利益耦合机制。通过村集体进行资金入股，整合产业入股资金等方式，鼓励农民通过入股的方式积极参与村庄的集体产业，通过股份分红来提高农民的收入。浙江省以探索建设共同富裕美好社会为目标，通过强大的组织保障和政策创新机制、提高集体经济市场竞争力、以补短板为思路打出政策支持组合拳、创新协同共享发展路径和改革创新集体经济实现形式等举措，创造性探索出集体经济发展的浙江模式[①]。

［本条目编写人：田丰韶，河南大学哲学与公共管理学院］

四、促进人民精神生活共同富裕

习近平总书记在《扎实推动共同富裕》的文章中明确指出："我们说的共同富裕是全体人民共同富裕，是人民群众物质生活和精神生活都富裕"，要"促进人民精神生活共同富裕"[②]。新时代在推进乡村振兴的过程中，不但要促进农民群众物质生活的共同富裕，还要注重满足农民群众多样化、多层次、多方面的精神文化需求，不断改善农村居民的精神生活风貌。

① 根据雷刘功、徐刚、周嵘铸发表在《农村工作通讯》2021年第19期上的文章《铸牢共同富裕的基石——浙江高质量发展新型农村集体经济的实践与启示》及其他网络材料改写而成。

② 习近平：《扎实推动共同富裕》，《求是》2021年第20期。

强化社会主义核心价值观引领

新时代促进共同富裕，最艰巨最繁重的任务仍然在农村。我们全面打赢脱贫攻坚战、全面建成小康社会，为乡村全面振兴打牢了坚实的物质基础，但是农村精神文化生活单一化、碎片化和娱乐化等现象仍然存在，农村物质生活水平与精神文明建设水平不平衡不协调问题仍然突出。因此，新时代乡村振兴要进一步强化社会主义核心价值观的引领，促进农村居民精神文化生活的丰富和发展。

一是坚持用社会主义核心价值观引领农村居民精神文化生活。"核心价值观，承载着一个民族、一个国家的精神追求，体现着一个社会评判是非曲直的价值标准。"[①] 在乡村振兴过程中，大力弘扬社会主义核心价值观，对于促进农民全面发展、引领农村全面进步、推进农业农村现代化具有重要的精神激励作用。我们要通过弘扬社会主义核心价值观，加强对农民的爱国主义、集体主义、社会主义教育，使广大农民形成与新时代要求相适应的思想观念、精神面貌、文明风尚、行为规范，不断丰富农民精神文化生活，提升农村社会文明程度。

二是坚持以社会主义核心价值观引领农村精神文明创建活动。习近平总书记高度重视农村精神文明建设[②]，指出"农村精神文明建设很重要，物质变精神、精神变物质是辩证法的观点"。我们要

---

① 习近平:《习近平谈治国理政》(第一卷)，外文出版社 2018 年版，第 168 页。

② 中共中央党史和文献研究院编:《习近平关于"三农"工作论述摘编》，中央文献出版社 2019 年版，第 122 页。

坚持将社会主义核心价值观融入农村宣传舆论、文艺创作、文明创建等活动。通过建立健全农村公共文化服务体系，广泛开展群众乐于参与、便于参与的文体活动，不断深化文明村镇和文明家庭创建活动，着力提升农村公共文化服务水平，不断扩大优质文化产品供给，满足广大农民多样化、多层次、多方面精神文化需求。

三是坚持用社会主义核心价值观提升新时代农民的精神面貌。习近平总书记强调"实施乡村振兴战略要物质文明和精神文明一起抓，特别要注重提升农民精神风貌。"[①]现在，农村一些地方不良之风仍然盛行，要通过弘扬社会主义核心价值观，坚决抵制农村天价彩礼、人情攀比、厚葬薄养、铺张浪费的陈规陋习，倡导敬老孝亲、健康卫生、勤俭节约等文明新风尚，提升农村居民的精神追求和精神境界。

推动农村精神文化高质量发展

新时代乡村振兴既要塑形，也要铸魂。习近平总书记指出："要推动乡村文化振兴，加强农村思想道德建设和公共文化建设，以社会主义核心价值观为引领，深入挖掘优秀传统农耕文化蕴含的思想观念、人文精神、道德规范，培育挖掘乡土文化人才，弘扬主旋律和社会正气，培育文明乡风、良好家风、淳朴民风，改善农民

---

① 中共中央党史和文献研究院编:《习近平关于"三农"工作论述摘编》，中央文献出版社2019年版，第122页。

精神风貌，提高乡村社会文明程度，焕发乡村文明新气象。”[①] 这就为推动农村精神文化高质量发展提供了根本遵循。我们要不断丰富乡村居民的精神文化生活，为乡村振兴持续提供强大精神动力。

一是始终坚持人民立场提供高质量的精神文化产品和服务。促进农民精神生活共同富裕，必须着眼农民群众对美好文化生活的期待，推动精神文化产品生产的结构性改革。通过不断提升文化产品的质量、服务和品位，提高农民群众的精神文化体验感、获得感和幸福感。要增加优秀乡村文化产品和服务供给，活跃繁荣乡村文化市场，通过在乡村开展各种文化文艺活动，如继续开展各种文化文艺下乡活动，支持志愿者深入农村开展丰富多彩的文化志愿服务活动，让城市高品质的文化社团、文化节目更多走进乡村，让农村居民分享越来越多的优质文化产品和服务。

二是不断推动优秀乡土文化在农村创造性转化和创新性发展。中国几千年农业社会孕育创造了辉煌的农耕文明和优秀的传统文化。习近平总书记指出：“农村是我国传统农耕文明的发源地，乡土文化的根不能断，农村不能成为荒芜的农村、留守的农村、记忆中的故园。”[②] 一方面，要深入挖掘优秀农耕文化中蕴含思想道德、价值观念、人文精神以及乡村治理理念，提升农民精神文化追求。另一方面，要深入挖掘民间艺术、戏曲曲艺、手工技艺、民俗活动等

① 中共中央党史和文献研究院编：《习近平关于“三农”工作论述摘编》，中央文献出版社2019年版，第125页。

② 中共中央党史和文献研究院编：《习近平关于“三农”工作论述摘编》，中央文献出版社2019年版，第122页。

非物质文化遗产，让有形的乡村文化留得住，让活态的乡土文化传下去，让乡村生活彰显农民的思想智慧和精神风貌。

三是通过深入挖掘农村文化教育资源丰富农民精神文化生活。注重发挥农村传统美德教育资源的作用，引导农民培育向上向善、孝老爱亲、重义守信、勤俭持家的优秀品德。要充分发挥道德典型示范引领作用，持续选树道德模范、最美人物、身边好人等先进典型，讲好美德故事，传播美德力量，激发人们的情感共鸣和效仿意愿。通过充分发挥乡村文化空间的作用，充分利用村民大讲堂、农民议事厅、道德讲堂等公共空间，开展各种文化活动，让广大农村居民享有更加充实、更为丰富、更高质量的精神文化生活。

提升农村的公共文化服务水平

新时代乡村振兴的过程中实现农民精神生活共同富裕，必须着力提升农村公共文化服务水平。长期以来，我们通过加大财政投入力度，加强公共文化设施建设，以扩大公共文化服务广覆盖为主要目标的农村公共文化基础设施建设取得显著成效，“缺不缺，够不够”的问题总体上得到解决。但供需“结构性”矛盾比较突出，服务效能上的“好不好，精不精”问题越来越凸显。因此，加强公共文化服务体系建设，实现好、维护好、发展好人民群众基本文化权益，是促进人民精神生活共同富裕的重要前提。

一是要加强农村公共文化设施建设。习近平总书记指出，“要推进城乡公共文化服务体系一体建设，优化城乡文化资源配置，完善农村文化基础设施网络，增加农村公共文化服务总量供给，缩小城乡公共文化服务差距”[①]。我们要通过建立乡镇文体活动中心和文体活动广场，建好村级文化礼堂和文体活动场地，健全符合实际、运行良好的管理体制和运行机制，不断提升服务质量和服务效能。通过深入开展文化惠民活动，推动公共文化资源向乡村倾斜，提供更多更好的农村公共文化产品和服务，引导企业家、文化工作者、科普工作者、文化志愿者等投身乡村文化建设。

二是要健全农村公共文服务体系。习近平总书记指出，“完善公共文化服务体系，深入实施文化惠民工程，丰富群众性文化活动”[②]。我们要坚持以政府为主导，以公益性文化单位为骨干、鼓励和引导社会力量参与，努力建设公共文化产品生产供给、设施网络、资金人才技术保障、组织支撑和运行评估为基本框架的公共文化服务体系。要推进城乡公共文化服务一体化，围绕乡村振兴战略，优化城乡文化资源配置，将乡村文化建设融入城乡经济社会发展全局，融入乡村治理体系，活跃乡村文化生活、提升乡村文化建设品质。

三是要大力发展农村公共文化事业。习近平总书记指出：“要大力繁荣发展文化事业，以基层特别是农村为重点，深入实施重点文化惠民工程，进一步提高公共文化服务能力，促进基本公共文化

---

① 习近平：《习近平重要讲话单行本（2020年合订本）》，人民出版社2021年版，第141页。

② 习近平：《习近平谈治国理政》（第三卷），外文出版社2020年版，第34页。

服务标准化、均等化。”[①]我们要牢固树立以人民为中心的文化事业发展导向，扩大农村优秀文化产品有效供给。通过统筹农村文化和旅游资源发掘利用，推动更多文化资源要素转化为旅游产品，引导社会力量参与文化产品供给主动性和积极性，不断繁荣和发展农村公共文化事业，为丰富农民精神文化生活奠定坚实的基础。

加强农村宣传教育和舆论引导

新时代促进农民农村精神生活共同富裕，必须首先解决思想认识问题。习近平总书记指出，“要加强促进共同富裕舆论引导，澄清各种模糊认识，防止急于求成和畏难情绪，为促进共同富裕提供良好舆论环境”[②]。在新时代乡村振兴过程中，要通过加强对精神生活共同富裕的宣传教育和舆论引导，激发广大农民的奋斗意志和必胜信心，使之转化为干事创业、促进全体人民共同富裕的实际行动。

一是加强对精神文明的宣传教育，形成崇德向善的舆论氛围。在农村广泛开展“以劳动创造幸福”为主题的宣传教育，大力弘扬劳模精神、劳动精神、工匠精神，树立以辛勤劳动为荣、以好逸恶劳为耻的劳动观。坚持在乡村振兴过程中促进农民人人参与，人人尽力，摒弃“等靠要”思想，避免“内卷”“躺平”，坚决防止落入“福利主义”养懒汉的陷阱。通过加强法治宣传教育，鼓励勤劳致

① 中共中央宣传部:《习近平总书记系列重要讲话读本》，学习出版社2014年版，第103页。

② 习近平:《扎实推动共同富裕》，《求是》2021年第20期。

富、创新致富、合法致富，维护社会主义市场经济秩序，防止投机取巧，凝聚共同奋斗的思想认识和行动力量。

二是加强对农村地区的正确价值引导，凝聚农村居民的精神力量。在实施乡村振兴战略的过程中，既要丰富农村地区积极向上的文化生活，也要对一些“恶俗”“媚俗”文化进行分析与批判，引导农村地区形成公序良俗和制定良善的村规民约，在充实农民精神生活的同时，普遍提高农民的精神境界。同时，要坚持以习近平新时代中国特色社会主义思想为指导，引导广大农民坚定不移听党话、跟党走，要用宏伟的目标激励人民，充分展示全民富裕、全面富裕的美好未来，进一步统一思想、凝聚力量、振奋精神，汇聚促进全体人民共同富裕的精神力量。

三是加强对精神生活共同富裕的舆论引导，澄清各种模糊认识。要深入宣传促进精神生活共同富裕的重大意义、重大原则、目标要求、政策举措，把思想和行动统一到党中央决策部署上来，凝聚促进精神生活共同富裕的基本价值共识。一方面，要扭转在物质生活富裕和精神生活富裕关系问题上的“主次论、自发论”等错误认识，明确认识物质生活共同富裕与精神生活共同富裕的相互促进、相互协调关系，引导广大基层干部把精神生活共同富裕放在重要位置。另一方面，要纠正对农村精神生活共同富裕“超阶段、不务实”等偏差认识，加快破除农村精神文化建设滞后的各种弊病，推进移风易俗、普及科学文化知识、倡导科学健康的生活方式，促进精神生活与新时代中国特色社会主义的发展相适应。

［本条目编写人：燕连福，西安交通大学马克思主义学院］

后 记

经过八年的脱贫攻坚战，中国共产党彻底解决了困扰中华民族几千年的绝对贫困问题，创造了彪炳史册的人类发展奇迹，为全面建成小康社会做出重要贡献，为促进乡村全面振兴创造了良好条件。脱贫攻坚任务完成后，全面推进乡村振兴，这是“三农”工作的历史性转移。全面推进乡村振兴，特别需要广大干部群众、社会各界对乡村振兴战略的顶层设计、生动实践及其成效、面临挑战与应对思路等方面涉及的前沿问题有比较全面、准确的理解和认识，以为更加广泛凝聚合力奠定共识基础。为此，我们组织编写《实施乡村振兴战略前沿问题研究》。

本书由中国扶贫发展中心指导编写。中国地质大学（武汉）马克思主义学院副院长李海金教授牵头负责拟定并组织研讨撰写大纲与写作指引、指导统稿改稿、审定书稿。参加本书编写的专家主要来自中共中央党校（国家行政学院）、中国农业大学、北京师范大学、农业农村部、华中师范大学、西安交通大学、贵州民族大学、中国科学技术发展战略研究院、河南大学、中国地质大学（武汉）、华中农业大学、广西大学、北京市社会科学院等；分别是（按书中条目排序）施红、程静，张晖，吕方、张亚男、陆苗，田丰韶，梁爱有、陆汉文，覃志敏，刘杰、周玉玲、刀小丹，许竹青，万君，冯丹萌，刘欣，冯瑞英，李海金、杨振亮、冯雪艳、马青青，袁泉，孙兆霞、张建、毛刚强、宗世法，唐成玲，燕连福。

乡村振兴工作内涵丰富、涉及领域广、政策性强，因各种原因，本书难免有纰漏之处，敬请广大读者批评指正。

本书编写组

2022 年 6 月